# 胡雪岩商道

一代商圣教你如何打拼事业

张　弛◎编著

中国商业出版社

**图书在版编目（CIP）数据**

胡雪岩商道 / 张弛编著. —北京：中国商业出版社，2014.1

ISBN 978-7-5044-8351-5

Ⅰ. ①胡… Ⅱ. ①张…Ⅲ. ①胡雪岩－商业经营－谋略 Ⅳ. ① F715

中国版本图书馆 CIP 数据核字（2013）第 311108 号

责任编辑：张振学

中国商业出版社出版发行

010-63180647 www. c-cbook. com

（100053 北京广安门内报国寺 1 号）

新华书店总店北京发行所经销

三河市龙大印装有限公司

*

710×1000 毫米 16 开 14 印张 187 千字

2014 年 5 月第 1 版 2014 年 5 月第 1 次印刷

定价：32.00 元

* * * *

# 前　言
Preface

生活中，很多人想做一份自己的事业，但却找不到门路；想把事业做得更大，但却找不到方法；很多人渴望事业有成，但偏偏事与愿违。没有事业，是因为能力不足；事业做不大，是因为方法不对。一个人要拥有自己的事业，不仅要有一定的能力，更要有成事的方法。

成就事业的方法从哪里来呢？有一则寓言，说的是一个年轻人向一个年长的智者请教智慧的秘诀。年轻人问："智慧从哪里来？"智者说："正确的选择。"年轻人又问："正确的选择从哪里来？"智者说："经验。"年轻人进一步追问："经验从哪里来？"智者说："我们的祖先。"所以说，应该从成功人士哪里汲取成就自己事业的营养。

胡雪岩（1823—1885），名光墉，字雪岩，著名徽商。生逢乱世，在晚清官府腐朽，动荡不安的年代，他以自己的智慧、胆识、精准的识人眼光，从一个钱庄的小伙计一跃成为富可敌国的红顶商人。可谓前无古人，后无来者。必然有其过人的智慧与技巧，他就是我们学习的最好榜样。

胡雪岩初在杭州设银号，后入浙江巡抚幕，为清军筹运饷械，协助左宗棠创办福州船政局，在左宗棠调任陕甘总督后，主持上海采运局局务，为左宗棠大借外债，筹供军饷和订购军火。胡雪岩以杭州经营的钱庄为本业，又依仗湘军权势，在各省设立阜康银号20余处，并经营中药、典当、丝茶业务，操纵江浙商业，资金最高达二千万两以上。胡雪岩虽出身贫寒，却成为当时中国最大的巨商富贾，慈禧太后赐其黄袍马褂，被称为红顶商人。

我们发现，胡雪岩之所以能成功，那是他具有独特的成事之道，他有着很多独特的成功方法：务实做事，注重用人，精于取舍，巧借外力，敢于冒险……在胡雪岩的身上，彰显的都是人生智慧的精华和打拼事业的制胜招法。

当我们初涉世事，我们一定要掌握打拼事业的智慧，运用胡雪岩给我留下的成事招法。在做事时，要懂得谋划、懂得变通、懂得用计、懂得用策略……这样，在成功的道路上，我们就能多一把成功的利器，轻松拥有事业与财富。

本书从心性、借势、用人、协作、冒险、胆识、处世等多角度，对胡雪岩成事之道的智慧做了详尽的总结和剖析。他的为人处世，他的奋斗，他对做事业的独特见解，可以成为我们的一盏指路明灯。

# 目 录
Contents

## 第03辑 智用外力，找对帮手让你做成事业



## 第04辑 以人为本，管理有方才会做大做强



## 第05辑 注重共赢，彼此容纳赚个和气生财

## 第06辑　拥有胆识，敢于冒险就会赢得先机



## 第07辑　圆融变通，圆活处世才能游刃于商场



## 第08辑　仁义为重，为富且仁才是事业基础



## 第09辑　把握商机，抓住机会就会成功在即

# 第01辑

## 用心做事，做大事情先要砥砺心志

种子不在坚硬的泥土中挣扎一番，它永远只是一粒干瘪的种子，不能发芽滋长成一株大树。做事业也是这样，事业的起点，往往从磨砺心志开始。不论你有多大的才华，要是不懂得从基本做起、踏踏实实地朝着目标不断前进，你将很难做大自己的事业。

# 为人真是不可不读书

现实中人们看到，很多做大生意、大事业的人并不是他们读了多少书，而是这些人懂得更多的人情世故，懂得赚钱的手法，所以纵横商界，成为做大事的人。

生活中也确实有大字不识的文盲赚到了大钱，而满腹经纶的文化人下“海”却找不到岸，这其实并不奇怪。做大事的确更需要胆魄与手腕，世事人情的洞明与练达。而这些东西大多不是从书本里可以得到的。

“为人真是不可不读书。”这是胡雪岩当着他的读书人朋友稽鹤龄的面，从心里说出的一句深有感触的话。

胡雪岩之所以对读书的重要有如此感触，一是因为他本人根本没有正儿八经读过书，不过只是识得一些常用字，因为读书太少，场上场下结识了不少读书人朋友，却很难与他们作畅快而文雅的交谈，甚至连他们说的话自己也常常不能很懂，要凭着自己心思去猜，有时会因此闹出笑语，这让他在这些读书人朋友面前尴尬。另一个原因是胡雪岩在与读书人朋友如稽鹤龄、裘丰言等的交往中，确实感到知书识礼的人都是非同一般的。比如他每次与稽鹤龄长谈都会觉得深有所得，这和郁四、尤五等江湖朋友在一起的感受有天壤之别。

可以说，胡雪岩从心里佩服读书人，羡慕读书人，因此，他在立足商界生意发达之后便开始注重读书，闲时也常常翻翻四书，读读《史记》之类，所以最后他喜欢收藏字画以至文房四宝，也不完全是有钱有闲之后的附庸风雅。

就赚钱的手段和为人处世方面，胡雪岩的那些读书人朋友可以说没有一个比得上他。胡雪岩这样一个吃透人情世故，在生意场上获得了绝大成功的商人，居然也会从心里发出不可以不读书的感慨，这的确更让我们深思。

毫无疑问，读书为学不仅是人求知益智的重要途径，也是一个打拼事业的基础。因为由读书为学而来的学问可以锻炼人的智商，开发人的潜能，培养人的明察大道、权衡轻重的做事能力。因此，古往今来，没有人会轻视读书，而是把读书看成是很神圣的事。也正因为如此，古往今来，上至达官显贵，下至平民百姓都知道，成大事的人要读书，而且最好是尽可能地多读书。从这个角度看，胡雪岩钦服他的那些读书人朋友，不仅仅是出于对他们的钦佩，更是认识到读书给人带来的益处很大，所以才有“为人真是不可不读书”的感慨。

胡雪岩不仅意识到读书的作用，而且如何读书也有自己的见解。胡雪岩曾说过：“光是读死书，做八股……倒不如一字不识。”在胡雪岩看来，读书的关键还是在于不能读死书。书读死了会上当，会成呆子。说穿了，书上写的其实都是过去的东西，而我们每个人毕竟是生活在今天的现实之中。过去的东西只有与我们正在经历的现实结合起来，才能真正化为我们需要的东西。一个人既不能不读书，同时也要记住学会读那部现实的大书。一般人要懂得这一点，做大事的人，特别是渴望有大成就的人更要懂得这一点。把读书与洞明世事、练达人情结合起来，所读之书才会真有所得，才会在实际应用中无往不利。

学识可以造就一个人行止儒雅、举措得体的风度，能使一个人严谨缜密、能言善辩。事实上，没有人会真正愿意和那些胸无点墨，举止粗鲁，开口除了钱再说不出别的有味道的言语的人打太多交道。

### ❖ 跟胡雪岩学做事之道

不管你事业有多大，不管你有多少赚钱的手段。读书会让一个人的能力越来越强，所以，要想成功打拼属于自己的事业，一定要多读书。

# 踏实做事成就胡雪岩

《士兵突击》中的许三多可以说“天生一副熊样”。他是一个很简单的人，却活得很精彩，活得很成功。无疑，他是一个成功人士，因为他懂得踏踏实实去做好每件事。就像剧中高连长说的：“最重要的是先做好手上的事情，我这两天刚接触一个人，每做对一件小事就被他像救命稻草一样抓着。有一天我一看，好家伙，他抱着的已经是让我仰望的参天大树了。”试想，我们有几个人，能像许三多那样心无旁骛去做一件事呢？在这个信仰缺失的年代里，很多人更多的是在炫耀自己的智商，而忽视做好手上的事情。

当下，很多人想拥有自己的事业，但他们总是先看老板给自己多少钱，然后才去做多少工作，这样的人不会有什么发展。所以，我们要学学胡雪岩，老板的态度怎样，那是老板的事情，但机会对于自己是何等的难得，既然出来了，就要好好学，学到手的东西才是自己的。

这一年，胡雪岩十五岁了，一位金华的客商来杂粮行谈生意，可是一来大阜就病倒了。这个客商在大阜举目无亲，生病就无人照顾，病着又回不了金华，心里愁苦不堪。

杂粮行老板本是个热心肠，得知这个客商遭遇这样的窘境后，就让胡雪岩照顾一下，胡雪岩就赶到这个客商的病榻前，忙前跑后来照顾他。

在胡雪岩的精心照料下，客商的身体很快就痊愈了。

客商十分感动，就问杂粮行的老板：你怎么会有这么好的徒弟。老板很开心，于是把胡雪岩在自己店里的表现跟他细说了一遍，对胡雪岩大加赞赏。

客商听后大为感叹，就主动问胡雪岩：“我是在金华做火腿生意的，我们那里比大阜好玩得多，你随我一起到金华如何？”

火腿生意可是那时很多人都想进的行业，客商原以为胡雪岩会欣然答应，没想到胡雪听后还是同样的态度：“这个不行，要问我们的老板。老板同意，我才可以答应你。如果老板需要我在这里，虽然我想去，但是也不能跟你走。”

胡雪岩把金华掌柜的意思告诉了老板，老板欣然答应让胡雪岩去金华，因为火腿行要比自己的杂粮行规模大上许多，这对胡雪岩而言是一个难得的机会。一个好老板，看到自己的伙计有更好的舞台，更广阔的前途，没有不高兴的，再怎么讲也是他培养出来的人才。于是，胡雪岩随这位客商从大阜来到了金华。

很多事情，哪怕差之毫厘，都可能给人很坏的印象，可能错失机会，可能使好事变成坏事。胡雪岩每样事情都做得十分圆满，这对一个十几岁的孩子来说，是很不容易的一件事。

如何才能在打拼中获得机会？做事业的过程很多就是不断做出阶段性的合理调整的过程。在家放羊，就要像个放羊的，要把羊照顾好；在外做学徒，就要像个学徒，要让老板满意。就算别人问话，该怎么回答，也一点都不能出差错。如果胡雪岩在杂粮行里好吃懒做，就算他照顾了金华火腿行的掌柜，掌柜的也不会主动去要他，顶多给点钱表达一下谢意就是了。

所以，一个人好好做事，不单是对别人好，更多的是对自己好。胡雪岩勤奋好学，粗活细活统统干，这样的人，自然会提升自己的人格魅力及其价值。

### ❖ 跟胡雪岩学做事之道

一个人能力可能不强，阅历也可以不深，这都不是你获得事业成功的关键，关键是你能不能踏踏实实做好手上的事。成功的事业需要有踏实的心态。

## 做事不要挑肥拣瘦

一个人要想做好自己的事业，做事就不要挑肥拣瘦。做事不挑肥拣瘦，很大程度是体现在平常的工作中。如果要做的事是其他人都感到棘手的事情，这时候你要勇于把这件同事不能做的大事承担下来，因为“危难时刻方显英雄本色”，这时你能从容镇定地把问题解决，人们对你就会刮目相看。

胡雪岩在钱庄当学徒，做事的风格始终和在大阜、金华的时候有过之而无不及，他对学徒的分内之事更加勤快了。每天，胡雪岩都会早早起床，去给老板端洗脸水倒尿壶，扫地抹桌买早点。有客户来办业务，他总立在老板一旁，见机行事，从来不用老板吩咐。

一个人能不能做出大事业，从他平时的工作态度上可以看出来。任劳任怨地去做事是一个人能成大事所必要的态度。

在钱庄当学徒时，老板让胡雪岩去一个地方催款，那是一个十分偏僻的地方，沿途有很多土匪，在很多其他钱庄伙计看来，这是十分危险的事。因此，在把这个任务分派给胡雪岩之前，老板曾经三次把这个任务交给过钱庄里的其他人，但是都被他们推掉了。他们一致认为那个地方偏僻，沿途土匪众多，接受这个任务，不仅会丢银子，还会有丧命的危险。但胡雪岩在得到老板的指示后什么也没有多说就出发了。

三个月后，胡雪岩回到了钱庄，他带回了应收的款项平安归来。其实，在胡雪岩出发之前，老板也认定那笔款项是一笔死账，而且来回的路上会遇见土匪，风险很大。但是，由于胡雪岩坚决的服从意识，他毅然前往，结果最终成功拿回了钱庄的款项。

所以，做事有畏难情绪是做不成什么大事的。一个人在工作中不管被安排到什么位置，最好不要挑挑拣拣。也许在你的周围，有的工作是绝大多数人都不想做的“讨厌的工作”，人们对待这样的工作，都是一副避之唯恐不及的态度。但是，工作总要有人来做，众人只想暗自祈祷这差事可别落到自己的头上。假如你表示自愿做这种没有人要做的工作会怎样呢？这不但能赢得同事的尊敬，更能够得到老板的认同。有时还会让老板对你心存感激：“这可多亏了你的帮忙！”

当然，有些工作是非常辛苦且吃力不讨好的，就算你付出了全部的精力，也不一定能得到丰硕的成果。但你还是要勇气百倍地默默耕耘，那才是勇者的表现。事实上，这一类工作一般比那些表面看起来花哨动人的工作，更能激发你的斗志及潜藏的乐趣。

每个人不可能一下子就具有各种各样优秀的能力。但这并不等同于，我们就只能胜任最简单的工作，一辈子只能做一类事情，永远得不到进步。一个人能迎接挑战的好处就在于，它能够让我们在解决问题时获得更多锻炼能力和学习的机会，这不正是做大事业的必要条件吗？

任何比你成功的人一开始在经历和技术上和你都没什么区别，不过他们确实拥有高人一筹的勇气，他们勇于接受和解决问题，于是得到了提升自己、走向成熟的机会，最终由平凡走向卓越。

所以，遇到比较棘手的工作时，你还要把它像皮球一样踢给别人吗？

还要愚钝地将提升自己、展示自己的好机会拱手相送吗？如果放弃了锻炼的机会，就等于放弃了成就自己的机会，放弃了自己的事业。

### ❖ 跟胡雪岩学做事之道

我们在工作中总会遇到各种各样的难题，想想你自己，有没有选择逃避？这时，你要学学胡雪岩——做事不要挑肥拣瘦，因为只有乐于奉献的人，才是真正成为拥有大事业人。

## 做大事的人志当高远

一个人要成就大业，一定要有志向、有理想。如果没有志向，他就会认为这一切都是注定的和无法改变的，所以等待他的只会是平庸的人生。一个人有了志向在背后的支持，便会多很多独立和勇敢，它们会帮助你战胜困难，取得事业的成功。

胡雪岩经历了离奇曲折的一生，他凭着自己的才智游走于官商之间，饱尝了盛衰荣辱之味。

因为家道败落，他的母亲在无奈之下才把他送到信和钱庄去当一个伙计。但是勤快聪明的胡雪岩不断成长，可是遗憾的是，因资助潦倒中的王有龄，挪用公款而陷入困境。

幸运的是，王有龄进京捐官成功，并得到了浙江海运局坐办的肥缺。王有龄知恩图报，回杭州之后找到胡雪岩，并尽自己最大的努力帮助他，这使得胡雪岩的境况有了巨大转机。

此时的胡雪岩时来运转，横在他面前的有两个很不错的机会：一是留在王有龄身边做他的助手，凭他的能力，日后也有可能在官场中有所作为；另一个机会则是回信和钱庄，在官场有靠山的他必将会得到钱庄的重用。

然而，这两个绝佳的机会都被胡雪岩拒绝了，他深知自己的兴趣并不在官场，而回信和钱庄，即使自己做得再好，也终究不过是个“打工的”，不能做老板。在胡雪岩心中，他的最终目标是要干一番属于自己的大事业。

胡雪岩决心要开办自己的钱庄，虽然他身无分文。但是，他凭着自己的聪明才智，借助王有龄的势力，以开钱庄起家，层层托靠，左右逢源，周旋于官府势力、漕帮首领与洋商买办之间，不仅开起了钱庄，还开丝行、办药店、设典当、贩运粮食，甚至去买卖军火。短短几年时间，便成为中国近代金融贸易中心呼风唤雨的富商，最终挣得了属于自己的一片天地！

可见，当初胡雪岩的决定是明智的，这也说明了胡雪岩有着远大的志向，假如他缺乏这样的志向，当初留在王有龄身边安逸的做一名助手，或者做钱庄的“高管”，那么，胡雪岩日后就不会有这样辉煌的事业。

所以说，志存高远是一种超脱的胸怀，是一种积极的心态，它往往决定一个人最终的成就。志向是事业的酵母，是引领一个人走向成功的指南针。

曾经有人问三个正在砌砖的工人，“你们在做什么事？”第一个人听了回答说：“我在砌砖头！”第二个人回答说：“我在赚工资！”第三个人笑着回答说：“我在建筑世界上最有特色、最美丽、最实用的房子。”后来，第三个人成为了世界上最有名的建筑师。

为什么会是第三个人成为了世界上最有名的建筑师呢？为什么不是第二个人与第一个人呢？让我们来看一看，第一个人，他没有远大的志向，只把志向放得微不足道；而第二个人，满脑子里都是些庸俗的想法；然而第三个人却拥有远大的志向，所以，他成功了，这无疑印证了一句名言："志当存高远！"可见，要想成功做事，就不能没有志向的引导。

一代巨商胡雪岩给我们现代人的启示是：志向，是成功的前提；志向是成功的前奏。曾有人说过："理想是力量的源泉，智慧的摇篮，冲锋的战旗，斩棘的利剑。"也曾有人说过："世界上最快乐的事莫过于追求理想。"由此可见，志向对一个人的成功来说是多么重要。

### ❖ 跟胡雪岩学做事之道

在实现理想的道路上，会遇到很多障碍，但是，志存高远的人，无论如何也不会轻言放弃，因为，他们相信，胜利最终是属于有远大理想并勇于拼搏的人。

## 成功之前要认真学习

胡雪岩读书的时候非常认真，老师所讲的道理他有听不懂的，一定会请教父亲。后来他当学徒的时候，非常认真学习业务知识。胡雪岩会如此幸运，和他善于学习是分不开的。

在金华火腿行掌柜的支持下，胡雪岩到了杭州，如愿以偿地成为了一名钱庄的学徒，开始了他往后几十年的钱庄生涯。

对于钱庄而言，门户安全至关重要，为了防盗防贼，打烊以后都是大门紧闭，任何人不准从正门进出。胡雪岩从金华到了杭州已经是晚上，所以他第一次到阜康钱庄是从后门进去的。安睡一夜，第二天一早被带去见了老板，问过一些情况之后，便被指定在金库里当学徒。

胡雪岩从进入钱庄的那一夜起，整整两个月的时间未踏出店门半步。因为按照钱庄的规矩，学徒进门要先练习“坐功”，就是整日呆在金库里面，练习算银票，包银元，串铜钱。白天不准出门，晚上住在店中，同样不许外出。坐功的考验期是一个月，如果一个月内遵守规矩闭门不出，而且表现不错，就算合格。如果在第一个月便出了差错，可以再考验一个月。若是仍有违规的行为，就会被彻底辞退。金库里连胡雪岩在内一共三个学徒，年龄都差不多，稍大的一个刚满师，在金库里指导他们工作，大家叫他师兄。胡雪岩人缘很好，没几天便与大家混得很熟了。

一个十九岁的少年，初次来到风光明媚、景色如画的杭州，我们将心比心，相信他心中的第一个愿望，应该是抽空去看看西湖的景色。但胡雪岩认为好不容易找到自己想做的工作，就要一切遵守规矩。他想起母亲的教诲，要认真，要用心，要勤劳，要努力，更要听老板的话；他也想起已经去世的父亲读过书却没有机会，自己读书不多，却有这么好的机会，当然要格外珍惜才是。所以一个月过去了，他始终没有离开钱庄，工作不但熟练而且准确，没有发生任何差错。

在现代社会中，知识的更新速度越来越快，不努力学习，就会被淘汰。人就必须不停地学习。电脑巨头罗斯佩罗说：“凡是优秀的、值得称道的东西，每时每刻都处在刀刃上，要不断努力才能保持刀刃的锋利。”

在一所大学里期终考试的最后一天，一群即将毕业的学生正在进行毕业与工作之前的最后一次测验了。其中一些学生在谈论他们现在已经找到的工作，很明显他们感觉自己已经准备好了，甚至都觉得自己有足够的优势来征服这个社会。

考试一点也不用紧张，因为教授曾经说过，他们可以带任何参考资料。唯一的要求就是他们不能在测验的时候讨论。

考试时间到了，学生们看到只有五道评论类型的问题时，这些学生看起来不再自信了。教授手里拿着试卷问道："能完成五道题目的有多少人？"

没有一只手举起来。

"完成四道题的有多少？"

仍然没有人举手。

"三道题？两道题？那一道题呢？当然有人完成一道题的。"

依然没有人回答。

教授放下试卷，"这正是我期望得到的结果。"他说："我只说，即使你们已经完成了四年的学习，但关于学习的路还很长，请你们记住——即使你们现在已是大学毕业生了，你们的成长仍然还只是刚刚开始。"

如果一个人希望自己有所成就，就应该在你从事的领域内找到一位成功的前辈，然后虚心向他学习，学习他的思考、策略、信念，做好充分的准备后，等机遇一来，你就是下一个成功者。

所以，不管你有多能干，要是没有不断学习、不断追寻各个领域的新知识以及不断开发自己的创造力的精神，你就会丧失基本的生存能力。因为，现在的社会对于缺乏学习意愿的人很是无情。一旦拒绝上进，人就会迅速退化，所谓"不进则退"，转眼之间就被抛在后面，被时代所淘汰。

## ❖ 跟胡雪岩学做事之道

一个人只有拥有强烈的求知欲，不断学习，不断思考，不断接受，他才能保证自己有足够的活力和能力，去为他的梦想而奋斗。

# 谋事在我，成事在我

“谋事在人，成事在天”这句话在中国流传了几百年，透露出的是中国人的宿命论观点。同时，这句话也是人们在某件事失败时的自我安慰，也是一种不自信的表现。而反过来说，谋事在人，成事也在人，说明的则是一种大自信。胡雪岩却不一样，在他看来是“谋事在我，成事在我”，正是具有这种大自信之人，可也正是因为他的这种自信，才成就了他的伟业。

正如当初胡雪岩开办钱庄一样，就是一种自信的表现，这种自信表现在三个方面。

第一，当时的王有龄还只是一个海运局的坐办，压根儿没有实权，而胡雪岩就对王有龄的仕途很有信心，他相信王有龄的仕途一片光明，因为王有龄有他胡雪岩的帮忙。尽管王有龄也支持胡雪岩开办钱庄，对于自己的仕途升迁很有帮助，但是王有龄却认为等他具有了实权之后再开办钱庄会更好，因为那时候他有实权了，就可以凭借这种实权来打理道库、县库的过往银两，到时候就能狠狠地赚上一笔了。

但胡雪岩却相信他自己的能力，他相信通过他的帮助与办事能力，王有龄拥有实权是早晚的事，所以在胡雪岩的劝说下，王有龄同意在他拥有实权前开办钱庄，取名“阜康”。可不久之后机会终于来了，在胡雪岩的帮助下，王有龄完成了漕米的运输，稳稳当当地坐上了湖州知府的位子，所以，阜康的利润也就来了。

第二，当时的太平军已经定都南京，建立了另一个政权。南京到杭州路途很短，太平军为了巩固他的政权，势必要把附近的土地都占领了，这样才能有效地抵挡清政府的包围，同时也能扩大自己的范围，把战线往外推，可以更好地保护好南京城。

当时，杭州作为江南富甲之地，必定是太平军第一个占领的地方。在这样的形势下，很多商贾大绅都是离开杭州，而胡雪岩却偏偏选择杭州作为他的钱庄开办地，这确实是一种自信，要不然，逃命都还来不及，哪敢拿自己的钱用来开办钱庄呢。

第三，当时的钱庄是山西晋商的票号一统天下，侯荫昌在与平遥日升昌票号的竞争中，把其它蔚字号也都改为票号，成为山西赫赫有名的“蔚字五联号”。经过道光、咸丰到同治，大约三十年间，蔚字号声势日增，分号遍布全国30多个城市，而杭州就是他的分号地。因为杭州自古以来就是有钱人的地方，王公贵族、富商大贾云集。所以在那里经营票号就成了侯荫昌的首选。胡雪岩要想在杭州开钱庄，蔚字号就是他最大的竞争对手。除此之外，还有胡雪岩的老东家“信和”也是一家很有实力的钱庄，不管怎么说都要比胡雪岩的“阜康”强多了。但是胡雪岩就在这种强手如林的环境中坚持把钱庄开下来了，并且借助于王有龄的官场势力，让“阜康”的生意远远地好过其他的钱庄或票号。

正是这种大自信，才使得胡雪岩的阜康钱庄从一开办以来就生意兴隆。也正是胡雪岩的这种大自信，才使得他在以后的各种生意场上都能应对自如。但“谋事在我，成事在我”，这种自信不是盲目的自信，因为盲目地自信就变成狂妄了。这种自信是建立在知己知彼的基础上的，胡雪岩开办钱庄，不是他一时的冲动才做出的决定，他是有事实依据的。因为他在信和钱庄当伙计当了很多年，对钱庄的操作方法了如指掌，同时，他也通过经手各种业务的往来，得知开钱庄是一种暴利的行业，只要你有资本，把钱庄开办起来了，赚钱的事是很自然的。

胡雪岩开钱庄就是以这种“谋事在我，成事在我”的自信为基础的，他以后的生丝生意、军火生意、药店，无不以这种知己知彼的自信为基础，正是这种自信，所以胡雪岩每进入一个行业，他都能成功，并且是大成功。

### ❖ 跟胡雪岩学做事之道

一个人的自信心，其实是他能为某个高远的人生目标发愤忘食、奋力拼搏的内在支撑。有了这种支撑，就能拥有不避艰难、锲而不舍的决心和毅力。

# 第02辑

# 品牌意识，打拼事业重在树立口碑

有品牌才会有生意。生意人为了树立自己的品牌，常常采用不同的办法：恪守诚信，做大场面等，因为谁有好的口碑，谁的“势”大“气”强，谁就能稳操胜券。胡雪岩用“场面”和“诚信”给自己树立了良好的品牌。

# 诚信是胡雪岩的立业之道

孟子说过："人而无信，不知其可也。"一个不能仗义而行、全无诚信可言的人，一定会为众人所不齿。遵守并实现你的承诺会使你在困难的时候得到真正的帮助，会使你孤独的时候得到友情的温暖，因为你信守诺言，你的诚实可靠的形象推销了你自己，你便会在生意上获得成功。

胡雪岩做学徒时，他的一个好友从家乡来杭州谋事，病倒于客栈中。房租饭钱已经欠了半个月，还要请医生来看病，没有五两银子不能出门。

胡雪岩薪水很少，但又不忍心看着朋友困顿无助。出于无奈，胡雪岩只好向他的另一个朋友寻求帮忙，偏巧那个朋友出了远门，只有他的妻子在家。胡雪岩只好问朋友的妻子，看她能否帮一个忙。朋友之妻见胡雪岩虽落魄，那副神气却不像倒霉的样子，就毫不犹豫地借给他五两银子。

胡雪岩从胳膊上捋下一只凤藤镯子，对朋友妻子说："现在我境况不好，这五两银子不知道什么时候才能还上，不过我一定会还。镯子连一两银子也不值，不能算押头。不过这只镯子是我娘的东西，我看得很贵重。这样做，只是提醒我自己，不要忘记还人家的钱。"

后来，胡雪岩成功后还了这五两银子。朋友妻子要把镯子还给他。胡雪岩说："嫂子，你先留着。我还的只是五两银子，还没有还你们的人情。现在你们什么也不缺，我多还几两银子也没太大意义。等将来有机会还上您这份人情了，我再把镯子取走。"

后来这位朋友在生意上遭人暗算，胡雪岩闻讯后奋力相救。朋友才幸免于难，朋友之妻再次还镯子，胡雪岩这才取回那只凤藤镯子。

胡雪岩为了信守承诺，用“割爱”的方式让自己记住还有一笔债、一份人情没有还。以他红顶商人的地位，区区五两银子的债，当然不在话下。但难还的就是那份人情，因为人情比“金”贵。或许是上天有意，使胡雪岩终于有了还这份人情的机会，救朋友于水火急难，真正做到了言而有信。不仅如此，在生意场中，胡雪岩对合作伙伴也坚持以“信”为本。正是一个“信”字，帮胡雪岩建立了广泛的人脉，助他在生意场上披荆斩棘，所向披靡。

诚信不仅对人来说很重要，对一个商家也很重要。胡雪岩就是凭着诚信这两个字把富康钱庄的牌子打响了、打硬了，使生意在几年内就突飞猛进。一个人的信用越好，就越能成功地打开局面。而很多时候，一个人的信誉就体现在各种小事中。胡雪岩懂得，在生意场上，信誉也是一个人经商的本钱和招牌。他正是从小事入手，给人留下一个可信的印象，才获得了他人的信赖，为自己将来的事业打下基础。

### ❖ 跟胡雪岩学做事之道

人的信誉在商场上就是商信，只有树立了信用，顾客才会信任你，事业才会好做。胡雪岩正是秉承了“信誉为本”的商训，才使得他成为富甲一方的商人。

# 做生意"真不二价"

诚信是一个人最重要的品质之一。但是诚信虽然重要，培养和保持诚信却不容易，很小的失误都会前功尽弃。胡雪岩之所以被别人广泛认同，无论是权贵还是平民百姓都交口称赞他讲义气，够朋友。他的阜康钱庄发展之所以很快，并得到了很多人的帮助和支持，都是因为他自始至终的讲求诚信。

胡雪岩的钱庄有了很大发展之后，就萌发了开办药厂的想法。同治四年四月，胡雪岩开办的药厂胡庆余堂开张了。其实办药铺远没有开办钱庄挣钱，但是胡雪岩认为这是利民利国的好事，非办不可，就算亏钱，甚至是从别的生意上补贴，也在所不惜。

百货中百客，好货迎远客。胡庆余堂中还有一个"真不二价"的匾额。他经常劝诫药铺中的治药师傅和学徒"采办务真，修制务精"。药品的质量关键在于两个方面：原材料要货真和加工制作要精细。

中药有一个特点是多味配药，每味药物都是天然的动植物或者矿物，品种繁多，只有"采办务真，修制务精"才能使每种药物的效果得到完全发挥，这使最终药物的品质得以保证。胡雪岩开办药厂的目的就是为了治病救人，如果药品的品质得不到保证，那么就会延误病情甚至有害身体健康而起到相反作用。所以胡雪岩宁愿赔钱也要做到药物的真材实料。为此，胡雪岩从来不从药材行购进药材，而是利用他的金融网络做后盾，在全国各地设立坐庄，并贷款给药农，从而直接从药农手中收购地道的，质量优等的药材。比如说人参、鹿茸、虎骨等都必须采自东北；金银花、牛膝、生地等都必须采自淮河流域；西洋参、木香、豆蔻等都必须从外国进口等等。即使一些配药的辅料也都必须采自质量很好的地方。这种从产地直接采办药材的货物不仅保证了药材的品质，还减少了中间环节，节省了成本。使最终的药品的品质有了强有力的保证。

最难能可贵的是胡庆余堂的药品不仅是真材实料，价格也很公正。据说胡庆余堂开张之后，由于药品质量好，价格也公道，很多人慕名前来买药。要知道城中并不只是这一家药店，还有很多已经经营了数十年的老店，胡庆余堂的生意红火当然对那些药店的生意有影响。于是一些药店就想用降价的方式来和胡庆余堂竞争顾客。当时那些药店的价格越来越低，很多人为了省钱就又去那些药店买药了。有人建议胡雪岩也降价来吸引顾客，并且胡雪岩还有其他产业当后盾，资金实力强大，如果真的要降价竞争的话，那些药店根本不可能争得过胡庆余堂。但是胡雪岩否定了这一建议，他说真不二价这四个字反过来念就是价二不真，我们的药店要吸引顾客靠的是真材实料，是药品的品质，我们既然是真材实料，就不必降价。那些降价的药店不可能不想盈利，降了价还要盈利的话就只能使用材质不好的药材，做出的药物品质也会低劣，时间长了顾客会知道“真不二价”这四个字的含义的，我们不会降价的。

最终，还是胡庆余堂生产的药品的质量赢得了顾客的信任。并且由于胡雪岩善于宣传，胡庆余堂的药品货真价实广为人知，越来越多的人慕名前来买药。

只有做到以诚待人，就会得到别人的信任。而做生意的时候也只有做到童叟无欺，才能够得到顾客的信任，那么生意想不好也都不行了。

### ❖ 跟胡雪岩学做事之道

在胡雪岩的生意经中，“真不二价”是他成功的秘诀。做人做事做生意，也只有做到童叟无欺，才能够赢得更广阔的发展前景。

# 做一个实实在在说话的人

孟子说“言而有信，人无信而不交”。以诚待人、相信他人，这应当是做生意的第一原则。所以，胡雪岩说：“做商人最要紧的是信用。”

一个放羊的孩子为了打发无聊的日子，想欺骗在附近种田的农夫玩玩，于是大声喊：“狼来了，狼来了！”农夫们听到了就拿着农具跑到了放羊娃所在的地方，结果根本没看到狼，只看到放羊娃坐在石头上大声笑着说：“你们真笨，哪儿有狼呀，我骗你们玩的，哈哈哈。”农夫们虽然生气，却也拿他没办法，只好无奈地走了。

又过了几天，放养娃又一次用同样的方法欺骗了农夫们一次，这一次农夫们还是很生气，并且警告放羊娃下次不要开这样的玩笑了，放羊娃却听不进去，只是哈哈地笑农夫们太笨了。过了几天，真的有狼来了，放羊娃这次大声叫狼来了狼来了，但是却没有一个人走过来，大家以为他又在无聊地开玩笑呢。结果放羊娃和他的羊都被狼给吃掉了。

这个故事告诉我们一定要做一个诚实的人，如果你总是欺骗人，那么你的话就没有人会相信，在别人的眼里你就是一个没有信用的人，到最后吃亏的还是自己。所以我们在言行上，要做到“言必真”，做一个诚实的人，而千万不能为了无聊就学放羊娃一样一而再、再而三的欺骗别人，这样别人才会信任我们。

胡雪岩认为，做一个实实在在说话的人是人行为准则，也是做生意的最重要的本钱。因此不管是公事还是私事，他都不会花言巧语，大家对他的话也从不怀疑。

当初清政府向外国银行贷款，都被拒绝了，而胡雪岩向外国银行贷款却马到成功，这说明他的“真”的是非常受时人甚至是外国人所称道的。

清朝晚期的时候，内有太平天国运动的兴起，外有列强的侵略蚕食。当时清政府刚镇压太平军的时候是屡战屡败，直到后来由于曾国藩、李鸿章、左宗棠等将领的努力并且借助于洋人的力量才把太平军镇压下去，与外国侵略者的战争比如甲午中日战争、鸦片战争失败后给侵略者割地赔款，受尽屈辱，常年的战争和对侵略者的巨额赔款弄得清政府国库亏空，在加强兵力，配置先进武器时常常囊中羞涩，但是军队战斗力的加强也不能不做，各级将领也都不断上请朝廷拨款以购置枪炮，船只。清朝统治者在这种情况下一方面发行官票强制地方官员以及商会认购，而地方官员又把这种责任分摊到百姓身上；另一方面清政府就只能向外国银行贷款了。而外国银行为了获得高额利息，当然愿意向清政府贷款，可是他们都对处于外困内扰中的清政府的还贷能力很是怀疑。所以清政府如果贷款的话还要一个条件，就是把海关的税收权部分给贷款银行，这相当于担保。

左宗棠作为清朝的重要将领，也需要银子来满足军队的各种需要，但是朝廷又不给钱，只好自己想办法。

胡雪岩在王有龄死后就投靠了左宗棠，凭借自己雄厚的财力和灵活的脑子常常帮左宗棠出谋划策，深得左宗棠的赏识。但是胡雪岩毕竟是个人，不是神，对于不断被需求的军饷，他也无法代替政府全部拿出来，毕竟买办军火需要的银子是很多的。于是他就代表左宗棠向外国的银行贷款。那为什么左宗棠不自己以朝廷的名义贷款呢？原来李鸿章已经那样做过了，结果呢，有的外国银行根本不贷款给你，有的则非要你拿出一些东西来担保。

但是胡雪岩是个生意人，为什么他就行呢？第一，因为胡雪岩自己也是开办银行的，当时中国的钱庄和银号就相当于银行，只是叫法不同而已。第二，胡雪岩不仅开办钱庄，还开有典当行、药厂，还涉足生丝买卖、军火买卖等等。生意做得很广，并且都很挣钱，说胡雪岩的家财富可敌国也许并不夸张。第三，这也是最重要的一个方面，胡雪岩的个人和他开设的钱庄的信誉非常好，胡雪岩还是个大善人，常常向百姓施粥施粮食，还向军队捐药捐粮食等等，不论百姓官员，还是江湖人士，从来没有说过胡雪岩这个人不讲信义的。第四，胡雪岩交际甚广，他的朋友三教九流的都有，有官员、江湖人士、社会上有权有势的人，还与一些洋人做过生意，在洋人中的口碑也很不错。

综上所述，由于种种原因，主要是胡雪岩个人信誉非常的好和财力非常的雄厚，所以外国银行信不过清政府，却相信胡雪岩。对于胡雪岩的贷款，外国银行就非常的慷慨，几乎从不为胡雪岩的还贷能力感到担心。

不难看出，一个实实在在说话的人对自己的做人做事有多么的重要。在现代社会中，诚信也是一个人做事业必须具备的条件。

### ❖ 跟胡雪岩学做事之道

人应该把信用看成人的第二生命。如果不讲信用，那么你的话就没有人会相信，在别人的眼里自己就是一个没有信用的人，到最后吃亏的还是自己。

# 胡雪岩贵在说到做到

在为人处世中，最能赢得人们的肯定和最能赢得人们青睐的就是“诚信”二字。因为友谊、敬仰、信赖、合作、发展无一不是建立在诚信的基础之上的。在生意场上，人们更重视诚信。胡雪岩深知这一点，他说：“为人最要紧的是收得结果，一直说话算数，到临了失一回信用，自己就完了。”所以，他经商的一生，也就是讲求信用的一生。

左宗棠收复了新疆之后，回到朝廷。由于他的功劳，皇帝提拔他直入军机处，成为掌管兵部的军机大臣。此时，由于中国的江南沿海一直都受到列强的骚扰，清政府为了抵抗这种骚扰，增强自己的实力，就派左宗棠筹办南洋实务，训练新兵。左宗棠派遣王德榜去自己的家乡湖南招募兵勇组成新军。

很快，王德榜在湖南招募到六千人马。因为招募来的新军需要用火枪来装备，又要给每个人发军饷，粗略算起来就要二十几万两银子。这尽管是国家的事，这笔钱应该由国家来出，但是，当时的清政府腐败已经到了极限，贪污腐化成风，就算清政府把这一笔钱拨下来，那也肯定是还没有到士兵的手上就被各级官员给贪污掉了。左宗棠对这种事情一清二楚，所以他也没有对政府的拨款抱有多大的希望。

那么谁来给他出这么多钱呢？这时候他想到的自然又是胡雪岩。

左宗棠自从和胡雪岩相交以来，胡雪岩就一直为左宗棠的事业提供资金，而左宗棠也为胡雪岩的生意提供靠山。他们之间的关系就是一种互相依靠的关系，但是又很紧密。

这一次，左宗棠也给胡雪岩写了一封信请求胡雪岩提供资金，胡雪岩满口答应了。

尽管胡雪岩答应了，但是自己却有点为难了。因为中国和法国在上海发生纠纷，导致上海的市面极其萧条，不管是生丝还是药材市场，都不怎么景气，胡雪岩在这两方面都没有赚到什么钱。同时，胡雪岩为了能够控制生丝市场，他投入了两千万两银子用于囤积生丝，导致阜康钱庄的现金流量不足了。

同时，因为李鸿章和左宗棠向来就是政敌，此时李鸿章为了排挤左宗棠，不让他在东南地区插足，已经定计叫盛宣怀在上海挤掉胡雪岩，授意上海道台卡下各省解往上海的协饷。这一部分协饷，原是用来归还胡雪岩为左宗棠经手的最后一笔洋行贷款的。这一笔洋行贷款的第一期五十万两还款期限已经到了。这里有五十万两银子要还，再加上左宗棠需要的资助款和购买几千只洋枪，总共不下一百万两银子。一百万两银子对于以前的胡雪岩来说，根本算不了什么，但是现在的胡雪岩把阜康钱庄的资本都压在了生丝上，实在抽不出资金。

尽管这样，但是胡雪岩还是答应了左宗棠，为他提供资助。因为自从结识左宗棠以来，胡雪岩在左宗棠面前说话从来没有打过折扣，很有信用，因而深得左宗棠的信任。现在左宗棠已经老迈年高，且身体又多病，在朝廷的时日也许不会太多了。如果他现在不帮助左宗棠，别人就会认为他是因为左宗棠快要退出权利层了，没有什么可以依靠的了，于是就把左宗棠丢一边了，自己也就可以不为他办事了。

胡雪岩绝不是一个过河拆桥的人，他决不愿意一生注重信用而到最后为一件事使这种靠一生积累起来的信用付之东流，因此，即使到了真正是勉力支撑，而且岌岌可危的时候，宁可支撑到最后一败涂地，也要保持自己的信誉、形象。哪怕现在的他再艰难，也答应左宗棠的请求，正像他自己说的，“为人最要紧的是收得结果，一直说话算数，到临了失一回信用，自己就完了。”他经过多方周折，想尽多种方法，终于解决了左宗棠的要求。

混迹官场多年的王有龄素知粮价在青黄不接又加兵荒战乱年代一定会猛涨，便想出了一个赚钱的良策：避开漕帮，自己贩运粮食。他立刻把这个想法告诉了胡雪岩，说："有个赚钱的主意，不知你对此看法如何？与其叫别人赚，不如我们自己赚，好好跟漕帮张胖子商量一下，借一笔款子来，买了通裕的米先交兑。浙江的那批漕米，我们自己囤着，等价钱好再卖。"

胡雪岩正色道："主意倒是好主意，不过我们做不得，江湖上做事，一定要言而有信，说一句算一句，我已经答应了漕帮，决不避开漕帮，自己贩运粮食，这不能反悔，不然叫人看不起，以后就吃不开了。"听胡雪岩这么一说，王有龄也十分信服，立刻舍弃了自己的"好主意"。

胡雪岩深知在生意场上一定要按规矩办事，说出的话不能收回，做出的事一定要漂亮、场面。因此，他否定了王有龄的提议。

试想，如果当时胡雪岩按王有龄所说的主意去办，不仅会被江湖上的朋友看不起，恐怕也会被张胖子以及其他下属人员暗中看不起，威信就会大打折扣，让人觉得胡雪岩仅仅是一个唯利是图的小奸商而已。

### ❖ 跟胡雪岩学做事之道

胡雪岩说："为人最要紧的是收得结果，一直说话算数，到临了失一回信用，自己就完了。"所以，胡雪岩一生都遵守信用。

# 做买卖不可有欺诈行为

胡雪岩生活的时代，商品经济的发展使人们的经济行为和伦理价值正发生着重大变化，一方面，竞争意识日渐发达，这有利于冲破封建禁锢，从而使趋利重商形成蔚然成风的局面。但另一方面，商品经济基础上形成的逐利拜金的心态冲淡了道德律令，出现了一股影响近代商品经济健康发展的逆流，一些唯利是图的人偷工减料，以假乱真，以次充好，造成了很不好的影响。

光绪年间，身为湖广总督的张之洞入京觐见皇帝时偶游海王村，见一家古董店装潢雅致，便驻足浏览起来。店堂里陈列着一只陶制巨瓮，形状奇诡，色彩斑斓，用大镜屏一映，光怪陆离，绚丽夺目。张之洞仔细审视，见四周都是蝌蚪状的篆籀文，难以辨识。张爱不释手，询问开价多少。店家称此物乃系某大官家的文物，特借来陈设，不能出售。张之洞怅然而归，但心中总挂记着这事。过了几天，他带了一个爱好文物的幕僚翁同和又去那店察看，翁同和也断定那巨瓮是古物，张之洞决定买下，令店主与大管家商议。过了一会儿，店主领来一个“大官”家的管事，开价3000两银子，最后以2000两成交。张之洞喜滋滋地带回巨瓮，命人把上面的篆籀文拓印数百张，分赠僚友，把巨瓮放在庭院，里面注满水，养了几条金鱼。一天晚上，下起了大雷雨。第二天一早，张之洞起视巨瓮，只见篆籀文已痕迹斑驳，化为乌有，始知前视“苍然若古者，纸也；黝然而泽者，蜡也”。

张之洞系同治进士，历任翰林院侍讲学士、内阁学士、四川学府、山西巡抚、两广总督、湖广总督、署两江总督等职。翁同和是咸丰状元，历任户部侍郎，都察院左都御史，刑部、工部、户部尚书，军机大臣兼总理各国事务衙门大臣。即使是这样两个身居高位、见多识广的人也被古董商蒙骗了，可见晚清时假冒伪劣品的严重和巧妙程度！

胡雪岩开胡庆余堂，经营的是中医药业，这个行业自古以来就有单方秘制的特点，一旦制成药品，一般人是很难辨识真假优劣的，故有“药糊涂”之说。可是，药品事关人命，许多生药材（指未加工过的动、植物及矿物）含有对人体有毒的成分，必须经过水制、火制或水火炮制后，才能既保持药效又除去或中和其中的有毒成分。在达到药用要求后，还需对药材做取舍搭配，而这就要求药的种类、数量和质量等来不得半点虚假和马虎。以假充真、以次充好，或减少贵重药的配量都会影响疗效，甚至会危及人的性命。

做生意三件宝，人好货好信誉好。针对种种欺诈行为，1878 年 5 月胡庆余堂创办之初，胡雪岩就亲自立下“戒欺”的匾。

“戒欺”匾上文字的意思是说：做任何买卖都不可有欺诈行为，药业是人命关天的行当，更不能以伪劣药品牟取暴利，希望大家采购药材要道地，加工成药要精细，不至于蒙骗我又蒙蔽世人，这样才是积“阴德”，可说大家是为我着想，也是大家自重自爱。

胡庆余堂众多的匾额和招牌都是朝外挂的，用以方便顾客观赏，唯独这块黄底绿字、笔力遒劲的“戒欺”匾却是朝里挂着，正对着坐堂经理的位置，这包含着胡雪岩期望坐堂经理严格把关、督促众人恪守“戒欺”这个店训的一片苦心。

“戒欺”匾的中心思想是强调信誉。信誉是多次商品交换中形成的消费者对商品生产者和销售者的一种信赖关系，是商品的微观经济效益与宏观社会效益相统一的具体体现。信誉是伦理学范畴，蕴含着功自心诚、利从义来的辩证关系，它要求商人以诚信原则来规范和制约自己的经济行为；信誉又是企业素质的综合反映，是企业经营文化的结晶体，它要求企业“货真价实”，“童叟无欺”，始终如一地保持产品的成分、质量和性质。

商品有价值，这个道理大家都明晰，孰不知信誉也有价值。俗话说：“挂着羊头卖狗肉，金字招牌也会臭。”自古以来，诚信致利、欺诈招害的典型不乏其例。

历史事实证明：靠投机欺诈只能获取一时的蝇头小利而自毁永久的声誉；恪守信誉、抓好质量才能创出牌子，开辟出取之不竭的财源。这个结论也是符合商品经济发展的客观规律的：作为商品，具有使用价值和价值两重性，而价值是通过使用价值来实现的，质量好的商品使用价值当然高，所以，货真质优是一切买卖成交的前提。凡消费者人人都希望价廉物美，但其中又有主次之分，物美占主导地位，如果不能做到物美又价廉，人们情愿质优价贵也不愿质次价廉，更不会容忍质次价贵。

胡雪岩正是作为一个有眼光、有头脑的经营者清楚地认识到信誉是生存发展的关键而亲立“戒欺”匾，“戒欺”训规代代相传，成了历代庆余堂人的“传世秘方”，120多年来，胡庆余堂真正做到了童叟无欺，货真价实。

一块小小的匾额，竟然成了胡庆余堂的象征性招牌。药店多的是，大家也都知道假药存在，都在标榜自己的药是如何纯，功效是如何大，但谁也没有胡雪岩的法子妙。他就凭一块“戒欺”匾，把“买胡庆余堂的药，吃着管用，放心”深深植入了顾客的心里，而且连当时的皇宫也要胡庆余堂进贡。可见“戒欺”的功效有多巨大。

## ❖ 跟胡雪岩学做事之道

历史事实证明：靠投机欺诈只能获取一时的蝇头小利而自毁永久的声誉；恪守信誉、抓住好质量才能创出牌子，开辟出取之不竭的财源。

# 注重招牌，精修门面

俗话说，创出金字招牌，利润找上门来。做生意靠招牌，要做百年老店，更得打造一块金字招牌。胡雪岩做生意，注重招牌，精修门面。

胡雪岩十分注重自己的招牌。因此，他在创办自己的钱庄时就十分注重自己钱庄的招牌名。他自知自己对题定招牌这样需要文墨功底的事情力不胜任，因而郑重其事地去请教王有龄。不过，胡雪岩虽然不知道题定招牌的遣词用字，但他知道题定招牌该有的讲究，当王有龄告诉他题招牌自己也是破题儿头一遭，还不知道怎么题法，有些什么讲究时，他毫不犹豫地就摆出了题定招牌应该注意的几条原则："第一要响亮，容易上口；第二字眼要与众不同，省得跟别人搅不清楚。至于要跟钱庄有关，要吉利，那当然用不着说了。"

胡雪岩这里讲到的几点要求，正是题招牌的关键所在。上口，也就是要求题写的招牌要简洁明了、通俗易懂且读起来要响亮畅达，朗朗上口。挂出招牌的目的就是要让人记住，因此，这一点也就显得特别重要。如果一方招牌用字生僻，读起来佶屈聱牙，招牌的作用也就失去好多了。

根据胡雪岩的要求，王有龄为他选择了"阜康"两个字。这两个字取"世平道治，民物阜康"之意，可以说是完全符合了他的要求。

做生意首先就必须求名，要有名目别人才知道，要有名气别人才信服，而取一个好的名字往往一叫就响，成为金字招牌的基础。因此，一些有眼光的商人都注重如何为自己的商号题名。从这一角度看，胡雪岩对于自己钱庄招牌的重视以及他对题定招牌的要求，也显示了他精明的生意眼光。

胡雪岩处于商业意识还不很发达的晚清时期，就具有如此强烈的品牌意识，这是他把场面越撑越大的一步妙招。

门面在经营销售中起着十分重要的作用。历来人们对此都有深刻的论述。中华古代商圣陶朱公说："面，乃商之外形，孰或丑之！"即是说，门面是经商的外貌，必须认真重视。胡雪岩深谙其中的道理，他说："门面犹如人脸，好不好会影响生意的。"

由此，胡雪岩对门面的设置是十分讲究的。在建造胡庆余堂时，胡雪岩提出三大要求："宜址、精修、巧陈。"

第一，"宜址"，就是指店的地址选择适宜。

胡雪岩选杭州吴山脚下的大井巷为胡庆余堂店址，这是有他的深意的。

吴山坐落于西湖南面，由10多个小山头组成，西连凤凰山、将台山和玉皇山。吴山历史悠久，有很多古迹。在吴山的山冈上，因石灰岩长期溶蚀作用形成了一组惟妙惟肖的"十二生肖石"，山顶上有一座高8米、双层重檐的江湖汇观亭，登上此楼北望西湖明澈似镜，南眺钱江宛若锦带。到了清朝雍正年间，"吴山太观"被列为"西湖十八景"之一。吴山的自然和人文景点吸引着众多的游客前来观光，使它成为杭州客流量很大的一个地方。

第二，"精修"，即店堂修建精致，别具一格。

胡庆余堂初造时由东西并列的三进建筑组成：头进营业店堂，二进是制药工场，这种前店后场、产销结合的组织格局有利于灵活、及时地适应顾客需要。两进楼房之间有夹弄和封火墙相隔；每进设前、后天井，左、右有廊屋相连，呈环形通达之状，外观气派、结构简洁。

根据营业需要，胡庆余堂还有自己独特的创意：整座建筑被设计成仙鹤状，象征着店铺生机长存，四周造起高12米、长60米的青砖封火墙。胡雪岩请人在靠河坊街的一面墙上写了"胡庆余堂国药号"七个特大汉字，十分引人注目。

胡庆余堂的上檐有一般建筑比较罕见的一排排花灯状的垂莲柱，正门在大井巷内，青石库门坐西朝东，青砖角叠的门楼上镶嵌着“庆余堂”三个金光闪闪的大字。跨过门楼，映入眼帘的是“进内交易”牌，四鎏金大字。

人靠脸皮，店仗门面，胡庆余堂如此不落俗套的设计能不使人顿兴好奇和赞叹吗?

第三，“巧陈”，即店堂的内部摆陈巧妙适宜。

如果说，胡庆余堂像一只栖息在吴山脚下的美丽仙鹤，那么，它的门庭就像“鹤首”。过了门庭拐弯就是“鹤颈”长廊，迎面是一个八角石洞门，门洞上有青砖雕出的“高入云”三字，左侧横墙上堆塑着取材于神话传说“白蛇传”的“白娘娘盗仙草”图案，整个长廊的古壁挂着36块用银杏木精制、黑底金字的丸药牌，如外科六神丸、胡氏辟丹、安官牛黄丸、十全大补丸、大补全鹿丸、小儿回春丸等等，牌上表明各种丸药的主治功能，于装饰之中巧妙地为顾客提供了极好的药材和药品性能的说明，既传播了中医药知识，又起到广而告之的作用。

由上可见，胡雪岩的店址选择佳宜、修制精好、摆陈巧妙，使得胡庆余堂的门面富有很高的文化品位，与众极端不同，突出了自己的个性。从而赢来许多顾客，带来可观的收入。在今天，胡氏做门面的三个理论仍具有借鉴意义。

## ❖ 跟胡雪岩学做事之道

注重招牌，精修门面，胡雪岩做生意，就特别注重商业形象，以他的意思，做生意首先就要由一个良好的商业形象。因此，一项生意投入运作之前，他也总要在招牌、门面上动很多心思。

# 做足场面，打出名气

做生意场面要做得与众不同，仅靠做得热闹的寻常做法还是不够的。还要凭借商谋智慧聚集人气，营造人气，做足场面，打出名气。

胡雪岩在开阜康钱庄之际，做了两件事，收到了令人意想不到的效果。

“三年清知府，十万雪花银”，这话说的确是实情。封建政治作为一种人治政治体系，本就是滋生腐败的温床，特别是在一个朝代行将崩溃的时期，政治的腐败会如癌瘤恶变以致不治——晚清时节就几乎是无官不贪，而且各有各的路数，个个都是无以餍足。据说曾先后两次领军机达二十年之久的恭王，地方官员到京，要见他一次，也必须送上银子，而且明码实价，以送上的银子的多少排定约见的先后次序和招待规格。不过，反正羊毛出在羊身上，京里大老勒索地方官员，地方官员则去搜刮地方，这些为官作宦的人总是有自己的财路把自己养得脑满肠肥。

朝廷自然不可能不知道官员的贪婪，这已是公开的秘密。为缓解军饷不足，朝廷下旨，要京内大老和各省督抚捐输军饷。浙江巡抚黄宗汉作为一方封疆大吏，自然也在捐输之列。他也当然不会自己掏腰包。此时恰逢王有龄运送漕米有功，很快外放了湖州知府，而王有龄因为海运局还有一部分亏空没有补足，故而希望黄宗汉让他兼领海运局坐办，黄宗汉于是乘机将“盘口”开给了王有龄。王有龄不敢怠慢，与胡雪岩商议，由胡拿出一万两代捐。

这笔钱本来可以直接由与海运局有业务关系的信和钱庄汇往京城，王有龄也准备由信和马上汇出，但胡雪岩却将这笔钱要过来，他要转一道手，由刘庆生送到大源钱庄划汇。

胡雪岩的意图很明确：刘庆生是个可造之才，但他到阜康之前，只是大源钱庄的一名站柜台的伙计。由立柜台的伙计一下子跳到档手的位置，同行难免轻视。一行生意的场面，最终是靠人撑起来的，刘庆生资望如何，将直接影响阜康的发展。现在由他代理黄宗汉去办理汇款，对于提高他的身份，显然有不小的作用。抚台是一省天字第一号的大主顾，有这样的大主顾在手里，同行对刘庆生自然就刮目相看了。而且，关键是为黄宗汉汇划这笔款子，还会引起同行对阜康来头的猜测，这种猜测在同行中传开，会将刚刚挂出招牌的阜康钱庄市面"哄"得很大，而"市面'哄'得越大，阜康的生意就越好做。"

胡雪岩在阜康的招牌挂出之后再一次"要"给同行看"手面"，阜康开张当天，送走客人之后，胡雪岩叫来刘庆生，要求他按照自己报出的名字，开出十二个存折，每个折子存银二十两，先由钱庄垫付。这些折子的户头，除一个是浙江巡抚黄宗汉的门房主管刘二外，其余的都是浙江一省大员们的太太、姨太太甚至小姐，胡雪岩就是要把这些折子送给她们。

### ❖ 跟胡雪岩学做事之道

场面要做得与众不同，仅靠做得热闹的寻常做法还是不够的。还要凭借商谋智慧聚集人气，营造人气，做足场面，打出名气。

# 丢什么也不丢面子

胡雪岩特别重视面子，即使在危机四伏，大厦将倾之时，他也不忘记要保住面子。他曾说过："面子就是招牌，面子保得住，招牌就可以不倒"。所谓"守信计"是指：在胡雪岩的经商生涯中，他经常说："做人无非是讲个信义。"其实，做生意与做人，本质上应该是一致的，一个真正成功的商人，往往也应该是一个信义之人。

上海阜康挤兑风潮，第二天就波及杭州。胡雪岩从上海返回杭州，还没有下船就得到了消息。而得到消息之后，他首先想到的是要把面子保住。为此，他采取了三个措施：

第一，所有一应排场照旧。胡雪岩一到杭州，就有在胡家地位特殊的乌先生上船接住，报告上海、杭州两地的"灾情"，同时他建议胡雪岩移舟到离家更近的万安桥登岸。胡雪岩的宅第在元宝街，他的钱庄在清河坊，因此，胡雪岩由外地回杭州，一向是在位于元宝街与清河坊之间，也是杭州城里最热闹的望仙桥码头上岸。而且每次回杭，都要家人接轿，摆出极隆重的排场：身穿簇新"号褂子"的护勇在码头上站成两排，点起官衔灯笼，打起旗子，护着一顶蓝呢大轿，常常会引来大群看热闹的行人。乌先生的建议自然是因为风潮已起而希望胡雪岩不要过于张扬。但胡雪岩没有接受乌先生的建议，而且要求一切排场照旧。这当然是在保住面子，胡雪岩不能让别人以为阜康挤兑风潮一起，他自己就灰溜溜的了。

第二，阜康营业照旧。胡雪岩一到钱庄，就否定了钱庄档手谢云清和螺蛳太太商量的钱庄停业三天的决定，要求照常卸下排门做生意。不仅如此，他还要求谢云清连夜察看储户账目，做这两件事情，一是提早将几个大户的利息结算出来，把银票送到他们门上去；二是告诉那些大户，年关已近，要提款应付开销的，尽可交待，以便预先准备。这是守信用，更是要做回面子。阜康因为贴出停业三天的告示，已经在杭州城里引起轩然大波，虽然没有引出更严重的后果，但一遇风潮便缩头停业，事实上面子已失。

第三，原拟要办的三女儿的喜事也照旧。胡雪岩此次从上海回杭州，其实主要就是为三女儿的婚事。虽然还未下船就知道了要命的“噩耗”，但胡雪岩一进家门，就告诉螺蛳太太，女儿婚事该怎么办还是怎么办，一切照常。而且，再难也要做到，不管用什么办法，场面无论如何要绷起来。这当然更是做面子。阜康挤兑风潮一起，是否仍按以前排场大肆操办女儿婚事，正是为众人注目的一件大事，如果女儿的婚事一改原来胡家办大事的排场风光，自然更是没有了面子。胡雪岩不能“丢”面子。

胡雪岩如此处置，当然不是“死要面子活受罪”的硬撑。

他如此处置的效果是十分明显的，第一，这些措施使客户保持了对于阜康的信心，由此稳定了人心并保住了自己的信誉。正是有了这一系列措施，杭州的挤兑风潮在开始的时候才没有恶性发展。第二，稳定了人心，也稳定了大户，使原本可能参加挤兑的大户不再加入挤兑风潮，减少了压力。钱庄生意最怕挤兑，挤兑最烈则是大户加入兴风作浪。大户稳定下来，零星散户，力能应付，也就不足为虑了。

### ❖ 跟胡雪岩学做事之道

保持面子不倒，是一个人处理危机力挽败局的重要手段，只要在人们心中你的招牌不倒，自己的场面就可以撑下去，更可以很好地活下去。

# 第03辑

## 智用外力，找对帮手让你做成事业

在很多人看来，成功做事有三个基本要素：自我、贵人、机会。古今中外无数事实证明，与贵人的相遇可以作为机会来临的最大标志，生活中的任何成功都是“一半是自己，一半是贵人”。许多看起来难办的大事，胡雪岩居然都顺顺当当地办成了，就是因为他懂得“借力”、利用贵人的缘故。

# 胡雪岩也离不开伯乐

胡雪岩出身并不是大富大贵出身，从小家里就比较穷。他的父亲虽然也算是个小知识分子，但是还是没有财力让儿子多读些书。当然这可能跟胡家的祖训有关，胡家有一条祖训就是“后代子孙，读书做生意可以，但是不能为官”。可能胡雪岩的父亲想反正读书不能做官，那还不如早早工作挣点钱养家呢。于是胡雪岩只读了两年私塾，就去给地主家放牛了，成了一个放牛娃。

虽然读书可以让一个人成才，但是并不一定能让一个人的心智成长的很快。胡雪岩有后来的成就与其说他读了几年书，还不如说是他的家庭环境（父亲早逝，兄弟几个就靠母亲养活），以及母亲的言传身教让他早早的成熟了起来，成为了一个勤劳简朴，认真努力，又不乏胆识的人。

由于母亲的管束和调教，胡雪岩为人很沉稳，人品又好，又读过些书，算是一个有文化的人，就这样在家乡放牛岂不是太可惜了。于是上天就安排他遇到了自己的第一个伯乐。

一天，胡雪岩又和往常一样去给地主家放牛，把牛在草地上拴好后，他就去旁边的凉亭里面休息了。然而与往常不一样的是凉亭里多了一个包袱。胡雪岩打开看了看，里面是一些账簿和很多金银。上面说过了胡雪岩的人品很好，于是他就等失主前来认领。等了很长时间终于有一个人慌慌张张的过来了，一路走还一路低头东张西望。等那个人到凉亭后胡雪岩问了他几句话，确定这就是失主时把包袱还给了他。这个失主也是个有道德的人，于是就要给胡雪岩一些奖励（银子），但是胡雪岩不要，于是他想这个年轻小伙子看到了这么多的金银却能不据为己有，很不错。在这里放牛实在是太可惜了。于是胡雪岩得到了自己第一个伯乐的赏识，成为一名杂粮店的店员。

这按照现在的观念看就是不再在土地上挥洒汗水了，成了一个上班挣工资的人。这对他来说这是个非常好的转变。

我们可以想象如果那个失主（也就是杂粮店的老板）没有带胡雪岩走出那个小山村，结果会发生什么，也许胡雪岩会继续放牛，直到另一个赏识他的人出现，但是伯乐是可遇而不可求的，谁知道下一个伯乐会在什么时候出现；也许胡雪岩自己后来创业，也就是自己做生意发了大财了……但是那就不是现在我们所知道和了解的胡雪岩了。千里马常有，而伯乐不常有，世界上有伯乐去发现千里马是幸运的，因为千里马不能到处跑去发现伯乐，它们虽有一日千里，俊美结实的筋骨，却也只能等到伯乐来赏识他们，然后宣告于世人。

姜子牙可以说是个“千里马”，他有一身的抱负和雄才大略，胸怀济世之志。可是却也不能到处去寻找伯乐，或者说他去寻找了却一直没有找到，可见伯乐也是可遇而不可求的。因此他怀才不遇，大半生在穷困潦倒中度过。他曾经在朝歌做过屠夫，宰过牛；还在孟津卖过面，当过厨师。岁月匆匆而过，而他转眼也已经到了垂生暮年，头发都苍白了，而且结发妻子也终于受不了他的“宏伟志向”（连家都养活不了，还整天出去赌钱，这样的人再说自己能力强，几十年过去了也没有人会相信）而离开了他，回娘家住了（最起码娘家还有一口饱饭吃）。这时的他可以说是最贫困潦倒的时候，一身抱负没能实现，连妻子也抛弃了他。但是越是这样也越表明转机就快到了，毕竟天无绝人之路。

当时，夏桀荒淫无道，各地诸侯多有不满，夏朝已经面临被取代的命运。他听说当今的西伯侯姬昌，也就是后来的周文王，是个圣贤的人，便来到渭水河边，用一个直钩钓鱼——这样能钓到才怪，但是这样却能用作宣传。别人觉得他奇怪，最后才能一传十，十传百，最终传到周文王的耳朵里，而姬昌也真的听到了。这就是姜子牙懂得宣传自己的好处，终于被伯乐看到自己这匹“千里马”了。姬昌也真是个懂得人才的人，就来找姜子牙，不然就不会打猎专门打到渭水边，再看被人传颂用直钩钓鱼的人，姬昌又不是没事可做的人，整天的公务缠身哪有闲情看别人怎么钓鱼。

再后来的事情我们就都知道了，姬昌和姜子牙谈过话之后发现这真的是个不可多得的人才，于是，姜子牙终于找到了自己的伯乐，使自己的浑身抱负和才学得到了发挥。他辅助姬昌壮大了自己力量，并且最终辅佐周武王推翻了夏朝的残暴统治。

由此可知，即使是千里马，还要有伯乐才可以发挥千里马真正的作用。韩愈写到："千里马常有，而伯乐不常有。"世界上如果没有伯乐，那么到现在我们也未必能知道千里马到底长得什么样。

### ❖ 跟胡雪岩学做事之道

一个人的成功不是偶然的，生命中总会有"贵人"相助：遇事徘徊时出现过，事业低谷时出现过，特别是在低靡而黑暗的日子里也因为贵人而峰回路转。

## 借用江湖各派的力量

作为商海中的生意人，胡雪岩非常清楚，江湖势力与商业成败之间存在着密切的联系，处理得不好只会给自己平添许多麻烦，处理好了，则可能在商场中顺风扬帆，大展宏图。

在胡雪岩生活的时代，经商必然要面对一种特殊的势力，那就是江湖帮派力量。在晚清乱世中，江湖帮派力量因社会管理的混乱和社会矛盾的激化与复杂而生，逐渐成为社会上一种不可忽视的重要力量。在当时，要行商一定要与江湖势力打交道。

在松江，胡雪岩听到他们的一位朋友说，松江漕帮已有十几万石米想脱价求现，于是他弃舟登岸，进一步打听这一帮的情形，了解到松江漕帮中现管事的姓魏，人称“魏老五”。胡雪岩知道这宗生意不容易做，但一旦做成，浙江粮米交运的任务随即就可以完成，可减免许多麻烦。所以他决定亲自上门谒见魏老爷子。

胡雪岩在他的两位朋友刘老板和王老板的带领下，来到了魏家。时值魏老爷子未在家，只其母在家，她请三人客厅候茶。只见到魏老爷子的母亲，刘、王二老板颇觉失望，然胡雪岩细心观察，发现这位老妇人慈祥中透出一股英气，颇有女中豪杰的味道，便猜定她必定对魏当家的有着很深的影响力，心下暗想，要想说动姓魏的，就全都着落在说服这位“老巾帼”身上了。

胡雪岩以后辈之礼谒见，魏老太太微微点头用谦逊中带着傲岸的语气请三人喝茶，一双锐利的眼光也直射胡雪岩。当三人品了一口茶之后，魏老太太开门见山地问道：“不知三位远道而来，有何见教？”

胡雪岩很谦卑地说道：“我知道魏当家的名气在上海这一带是响当当的，无人不晓，这次路过，有幸拜访。并想请魏大哥和晚辈小饮几杯，以结交结交友情。”

寒暄过后，在魏老太太的要求下，胡雪岩也不便再拐弯抹角了，便把这次的来意向魏老太太直说了。

听完胡雪岩的话后，魏老太太直视着胡雪岩说道：“胡老板，你知不知道，这样做是砸我们漕帮弟兄的饭碗吗？至于在裕丰买米的事，虽然我少于出门，但也略知一二，胡老板有钱买米，若裕丰不肯卖，道理可讲不通，这点江湖道义我还是要出来维持的。倘若只是垫一垫，于胡老板无益可得，对于做生意的，那可就不明所以然了。”

听了魏老太太的话，胡雪岩心理并没有灰心，相反却更加胸有成竹地大声说道：“老前辈，我打开天窗说亮话。如今战事迫急，这浙米京运可就被朝廷盯得紧了，如若误期，朝廷追究下来不但我等难脱罪责，我想漕帮也难辞其咎吧！为漕帮弟兄想想，若误在河运，追究下来，全帮弟兄休戚相关，很有可能被扣上通匪的嫌疑，魏老前辈可对得起全帮弟兄？”

江湖中“义”字当头。胡雪岩以帮里义气相激，正好击中魏老太太的要害之处。使得魏老太太不得不仔细思量。

胡雪岩再三强调其中道理，魏老太太听完之后，于是吩咐手下人将儿子魏老五叫来。

过不多久，一男子风尘仆仆地冲了进来，只见他约莫四十上下，个头不高，但浑身肌肉饱满黝黑，两眼目光也是如鹰一样，内行人一见便知是个厉害角色。此人正是漕帮现在的执事魏老五。魏老五向魏老太太请安后，魏老太太引见了胡雪岩和刘、王二位老板，看着老人家对胡雪岩三人的尊敬劲儿，魏老五也很客气地称呼胡雪岩为“胡先生”。

魏老太太说：“胡先生虽是道外之人，却难得一片侠义心肠。老五，胡先生这个朋友一定要交，以后就称他‘爷叔’吧。”

老五很听话地改口叫道“爷叔”。

“爷叔”是漕帮中人对帮外至交的敬称，漕帮向来言出必行，虽然胡雪岩极力谦辞，但魏老五喊出第一声“爷叔”其余的人也就跟着齐呼“爷叔”。

当晚，魏家杀鸡宰鹅，华灯高悬。魏老太太、魏老五、胡雪岩、刘、王二位老板频频举杯，以祝友谊。就这样，凭着胡雪岩的三寸不烂之舌，很快就与漕帮的龙头老大魏老五从初识而结成莫逆之交。以魏老五的威信，胡雪岩买米的事已不成问题。

作为一个商人，胡雪岩对待江湖势力有着正确的态度，在胡雪岩的眼里，江湖势力并非都蛮不讲理，随意黑吃黑，他们也有江湖道义可讲，只要你善于利用他们，他们就会成为你商场成功的力量。

## ❖ 跟胡雪岩学做事之道

一个能之所以能成事，往往不是自己的势力有多大，也不是自己的个人能力有多强，关键是能利用他人的力量。所以，做事业“有力不如借力”！

# 学会攀“龙”附“凤”

胡雪岩作为一个精明的商人，通过对当时社会的观察和了解，深知在这个特殊时代，做生意没有保护是不可能做大的。胡雪岩看准了这一点，为了寻找保护，便倾力攀“龙”附“凤”。

胡雪岩接受王有龄的嘱托出城买粮食，胡雪岩筹集到了足够的粮食，并且护送到了杭州城下，可是晚了一步，杭州城已经被太平军攻下了，而王有龄也自杀殉职。于是胡雪岩只好暂且把粮食运到了宁波，用于慰劳刚刚被清军收复的军民。

但是胡雪岩一直觉得有愧于王有龄，虽然王有龄已经死了，但是还想尽力完成他的遗愿。这时候朝廷已经派了左宗棠率军前来消灭太平军，也只有手中握有兵权的左宗棠才能收复杭州，于是胡雪岩打算拜访左宗棠。

左宗棠此时已经听说过胡雪岩的大名，但心中对胡雪岩的印象并不好，一方面，他听到了对胡雪岩不利的一些传言，另一方面，胡雪岩是个商人，而中国社会自古重农抑商，读圣贤书的人更是如此，认为无奸不商，再者，左宗棠为人虽然正直，但是向来脾气暴躁倔强，也有些傲气。因此，更不屑于胡雪岩这种人的拜访了。

胡雪岩向来不打无准备的仗，在拜访左宗棠之前他已经通过多种渠道了解了左宗棠这个人的脾性，甚至连左宗棠不待见他都了解得一清二楚。所以在拜访这个不欢迎自己的大将之前他做足了准备。

胡雪岩知道见左宗棠一面并不容易，幸好他认识左宗棠手下的一名军官，并且知道这个军官一般会在军营附近的河口巡视。于是他带着两条船满载着十万石粮食并且两万两白银顺着河道向军营开去。到河口时，他们被巡逻的士兵拦住了，胡雪岩就鞠了一躬，请求会见他们的长官。一会儿那个军官出来后，看到胡雪岩带着两船满载的粮食来慰劳军队，当然高兴，就向左宗棠通报了一声。

胡雪岩进入营地中央最大的军帐中时，抬头看了一下。左宗棠正坐在一张桌后面的太师椅上埋头批阅文件，他当然听到胡雪岩进来了，但是并不起身请坐，依旧埋头看文件。胡雪岩看到他这样也不敢吭声，只是站在一边等待。

过了一会儿，左宗棠抬起头来看了一眼胡雪岩，问道："下站何人？"他当然知道是谁在下面，因为已经有人通报过了。这一问显示了左宗棠的态度，胡雪岩心里也明白。于是他恭恭敬敬地上前请安到："在下胡雪岩浙江候补道参见大人。"

左宗棠站了起来，脸上的神色严肃而凝重，他走到桌子前面说道："听说你和王中丞关系极好，并且王中丞很器重你，是吗？"王有龄的职位是中丞。

胡雪岩知道这话里有话，就回道："我只是帮助王大人做了一些份内的事情，有幸得到王大人的器重，实在是感恩不尽，请大人明鉴。"

左宗棠听了不紧不慢地又说："那你是怎么报答王中丞的大恩呢？难道就是借助官府的权势为非作歹，还是欺骗王中丞对你的信任吗？"

胡雪岩知道解释的机会来了，他回道："在下只是一个商人，从来都是奉公守法，从未为非作歹，而我今日前来见左大人，就是因为有负王大人的信任，因而前来向左大人请罪。"

左宗棠就问："你何罪之有？"

胡雪岩从容地说道："我受王大人之托拿着两万两银票出城置办粮食，结果等粮食运到杭州城下时，王大人已经以身殉职了。今日来我就是特地把这两万两银票交给大人的。"说着从袖子里面拿出一个信封，"请大人过目。"

等左宗棠看完信封之后，胡雪岩又接着说："我今日前来还特地运载了两船粮食，慰劳军中将士，请大人笑纳。希望大人早日收复杭州，救百姓于水深火热之中。"

左宗棠听到这里，对胡雪岩的态度已经没有先前那么严肃，但还是对胡雪岩的慷慨大方有所怀疑，就说："你如此破费，图的是什么呢？不然我上报朝廷，就把你的这些粮食作为给你补缺的银子，怎么样？"

胡雪岩一听，赶紧拱手说道："对于大人的有意栽培，雪岩非常感激，但是我只是个生意人，从来只会做事，不会做官。"

左宗棠听了这句话，特别是"只会做事，不会做官"之后非常高兴，他没想到眼前的这个人性情和自己一样。原来左宗棠从来都是自认为自己：只会做事，不会做官。听到志趣相投的话自然十分高兴，并且打心里信任了胡雪岩。从此，胡雪岩就一直协助左宗棠办事，当然在官场上也就有了左宗棠这个大靠山支持着他。

其实世人大都有攀龙附凤之心，声名显赫的朋友很多人都想有，但是如果只是"攀"和"附"，我想就算他认识了那些个"龙"和"凤"，也不会得到他们的真心诚意的对待，帮助甚至是感激的。这就需要我们学习胡雪岩的做法，看准人之后，就尽力帮助别人，和其结交。

但是很多人并没有那种慧眼，不知道身边的人谁以后会发达；或者自惭形秽，不敢去结交那些已经成龙成凤的大人物；又或者自命清高，不屑于去攀高枝。但是聪明的人也不会非要去结交大人物，他们可以利用大人物来达到自己的目的，当然也会让那些大人物感觉自己获得了很大的回报，毕竟利用别人不是没有利息的。

懂得攀附贵人的手法，就得取得良好的人缘关系，容易拉近人与人之间的距离，让他人更容易接纳自己。将自己的优点展现给对方或周围的人，从而让他人发现自己的优点并有可能得到赏识，这样，当你遇有困难之时会有人伸出援助之手帮你一把。

## ❖ 跟胡雪岩学做事之道

善于攀"龙"附"凤"的人，往往会在别人最需要帮助的时候能够出手相救，而不求回报。先站在别人的角度思考，就能赢得了别人真心诚意的对待。

# 胡雪岩不忘“烧冷灶”

一般来说，与官府的人交朋友，通常人们都会盯着当朝权贵、实权大官身上，却极少有人注意那些身处厄运、人微权轻或大势已去的人。但胡雪岩却与众不同，他在与官场中人交朋友时，是一个既“趋热门”又会“烧冷灶”的人。

那么何谓“烧冷灶”呢？它就表现在结交帮助一些暂时穷困潦倒但未来可能飞黄腾达的人物。如果你能在此时“雪中送炭”，你的善举会使得受助人感恩戴德，待受助人成就大业之时，施恩人就会得到高于付出数倍的回报。胡雪岩的阜康钱庄刚开业，就遇到了这样一件事。

浙江藩司麟桂托人来说，想找阜康钱庄暂借二万两银子，胡雪岩对麟桂也只是听说过而已，平时没有交往，更何况胡雪岩听官府里的知情人士说，麟桂马上就要调离浙江，到江宁（南京）上任，这次借钱很可能是用于填补他在任时财政上的亏空。而此时的阜康刚刚开业，包括同业庆贺送来的“堆花”也不过只有四万两现银。

这一下可让胡雪岩左右为难，如果借了，人家一走，岂不是拿钱打水漂？连个声音也听不到。即使人家不赖账，像胡雪岩这样的人，总不可能天天跑到人家官府去逼债吧。二万两银子，对阜康来说也是一个不小的损失。

俗话说，“人在人情在，人走茶就凉”，一般钱庄的普通老板碰到这种事大都会打个马虎眼，阳奉阴违一番，几句空话应付过去。不是“小号本小利薄，无力担此大任”，就是“创业未久，根基浮动，委实调度不开”。或者，就算肯出钱救急，也是利上加利，乘机狠宰一把，活生生把那麟桂剥掉几层皮。

但胡雪岩的想法却是：假如在人家困难的时候，帮着解了围，人家自然不会忘记，到时利用手中的权势，稍微行个方便，何愁几万两银子拿不回来？据知情人讲，麟桂这个人也不是那种欠债不还、耍死皮赖账的人，现在他要调任，不想把财政“亏空”的把柄授之于人，影响了自己仕途的发展，所以急需一笔钱来解决难题。想明白后，胡雪岩马上决定“雪中送炭”。他非常爽快地对来人说：“好的，一句话。”答应得太爽快，反倒使来人将信将疑，愣了一会儿，才问出一句话：“那么，利息呢？”

胡雪岩想了一下，伸出一个手指头。

“一分？”

“怎么敢要一分？重利盘剥是犯王法的。”胡雪岩笑道，“多要了，于心不安，少要了，怕麟大人以为我别有所求，不要，又不合钱庄的规矩，所以只要一厘。”

“一厘不是要你贴利息了吗？”

“那也不尽然。兵荒马乱的时候，尽有富家大户愿意把银子存在钱庄里，不要利息，只要保本的。”

“那是另一回事。”来人很激动地对胡雪岩说：“胡老板，像你这样够朋友的，说实话，我是第一次遇见。彼此以心换心，我也不客气。麟藩台的印把子，此刻还在手里，可以放两个起身炮。有什么可以帮你忙的，惠而不费，你不必客气，尽管直说。”

听到这样的话，胡雪岩再不说就显得太见外了。于是，他沉吟了一会答道：“眼前倒还想不出，不过将来麟大人到了新任，江宁那方面跟浙江有公款往来，请麟大人格外照顾，指定由阜康汇兑，让我的生意可以做开来，那就感激不尽了。”

“这是小事，我都可以拍胸脯答应你。”

等来人一走，胡雪岩马上把刘庆生找来，让他凑二万两银子给麟桂送过去。

刘庆生为难地说：“银子是有，不过期限太长恐怕不行。咱们现在手头现银不多，除非动用同业的‘堆花’，不过最多只能用一个月。”

“有一个月的期限，还怕什么？萝卜吃一截剥一截，‘上忙’还未了，湖州的钱粮地丁正在征，十天半个月就有现款到。”胡雪岩继续说道：“我们做生意一定要做得活络，移东补西不穿帮，就是本事。你要晓得，所谓‘调度’，调就是调动，度就是预算，预算什么时候有款子进来，预先拿它调动一下，这样做生意，就比人家走在前头了。”

“既然如此，我们不妨做得漂亮些，早早把银子送了去。借据呢？”

“随他怎么写法，哪怕就是麟藩台写个收条也可以。”

这样的做法，完全不合钱庄规矩，背的风险很大。不过，刘庆生知道胡雪岩与众不同，所以也不多说，按照胡雪岩的吩咐去办理。

胡雪岩这一宝算是押对了，立马收到了成效。那麟桂没想到胡雪岩办事如此痛快，而他们两人过去从未打过交道，胡雪岩竟然如此放心地把钱借给了他，不禁使麟桂从心里佩服胡雪岩的爽快。于是，他报之以“李”，在临走前，特意送了胡雪岩三样“大礼”。

一是钱业公所承销户部官票一事，已禀复藩台衙门，其中对阜康踊跃认销，特加表扬，麟藩台因为公事圆满，特别高兴，又因为与阜康的关系不一般，决定报请户部明令褒扬“阜康”，不但在浙江提高了“阜康”的名声，将来京里户部和浙江省之间的公款往来，也都委托“阜康”办理汇兑。

二是浙江省额外增收，支援江苏省勘剿太平天国的“协饷”，也统统委由“阜康”办理汇兑。

三是因麟桂即将调任江苏，主要负责江南、江北大营的军饷筹集，阜康可以在上海开个分店，以后各省的饷银都经过阜康钱庄汇兑到江苏。

这就是胡雪岩的智慧，他这一“烧冷灶”，不但使得阜康钱庄再不愁没有生意做，而且还把生意做到了京城和江苏去。正所谓是人生投资最忌近利，讲近利，就像人情的买卖，就是一种变相的贿赂，这“烧冷灶”的利益回报，真是立竿见影。

与其说胡雪岩是个经商的高手，不如说是个烧冷灶的高手。就事论事，麟藩台在任时显然是个热灶，一般人包括胡雪岩把脸凑上去说不定只能贴个冷屁股。在其人走茶要凉之际，多数人只看到放银给他的风险，而胡雪岩在风险之外看到的是送上门来的摇钱树。

不过话说回来了，“烧冷灶”也不是逢灶必烧，而是要有长远目光，有选择地“烧”。正所谓是岁寒知松柏，患难见真情，你帮人渡过难关，对方肯定会报答恩人，有句话说“滴水之恩，涌泉相报”，等到回报之日到来，这种人脉就显得更加有力而宝贵。

## ❖ 跟胡雪岩学做事之道

结交帮助一些暂时穷困潦倒但未来可能飞黄腾达的人物。如果你能在此时“雪中送炭”，你的善举会使得受助人感恩戴德，待受助人成就大业之时，施恩人就会得到高于付出数倍的回报。

# 借他人的力，做自己的事

商务运作过程中，最基础的工作，应该是资金的筹措。做生意一定先要有本钱，生意越大，所需的本钱也就越大，这是谁都知道的道理。就商务运作的实际情况来看，当然最好是有多大本钱做多大的生意，或者想做多大的生意就先去尽量筹集多大的本钱。在一般人想来，手上分文没有，却一上手就要做大生意，而且居然做成了，这一定是一个神话。

胡雪岩要开自己的钱庄，对外号称拥有本钱20万两，其实，此时的胡雪岩真正是身无分文。不要紧，胡雪岩心里有底，这个底就是他有一个做官有势、肯帮自己的至交王有龄。王有龄已到浙江任海运局坐办，但除了让胡雪岩有了一点官场势力之外，银钱方面事实上也还没法帮他多少，而胡雪岩的钱庄要开办得有点样子，至少需要五万两银子。

但胡雪岩仍然要把自己的钱庄开起来。在他看来，眼前只要弄几千两银子，先把场面撑起来，钱庄的本钱，不成问题。

胡雪岩有如此把握，是因为此时他心中已有了自己的成算，这“成算”也就是所谓“借鸡生蛋”。

“借鸡生蛋”，说穿了，也就是拿了别人的银子，做自己的生意。此时的胡雪岩想到了两条“借鸡”的渠道。

一条渠道是信和钱庄垫支给浙江海运局支付漕米的20万两银子。王有龄一上任，就遇到了解运漕米的麻烦，要顺利办成这一桩公事，需要20万两银子。胡雪岩与王有龄商议，建议让信和先垫支这20万两，由自己去和信和相商。这在信和自然也是求之不得。一来王有龄回到杭州，信和正巴结着胡雪岩，二来信和也希望与海运局接上关系，一方面海运局是大主顾，为海运局代理公款往来必有大赚。另一方面，也是更重要的，海运局是官方机构，能够代理海运局公款汇划，在上海的同行中必然会被刮目相看。声誉信用就是票号钱庄的资本，能不能赚钱倒在其次了。有这两条，这笔借款自然一谈就成。本来海运局借支这20万两只是短期应急，但胡雪岩要办成长期的，他预备移花接木，借信和的本钱，开自己的钱庄。

胡雪岩“借鸡生蛋”的第二条渠道，则是一个更加长远的渠道，那就是借助王有龄在官场的势力，代理公库。胡雪岩料定王有龄不会长期待在浙江海运局坐办的位置上，一定会外放州县。到时候他可以代理王有龄所任州县的公库。按惯例州库、县库公款往来不付利息，等于白借公家的银子开自己的钱庄。他把自己的钱庄先开起来，现在虽然大体只是一个空架子，但一旦王有龄外放州县，州县公库一定由自己的钱庄来代理，那时解省公款源源而来，空的也就变成了实的。

就这样，胡雪岩先借王有龄的关系，从海运局公款中挪借了五千两银子，在与王有龄商量开钱庄事宜的第二天，就着手延揽人才，租买铺面，把自己的钱庄轰轰烈烈地开起来了。

胡雪岩成功了，由一个“两手空空”的人，一跃成为千金散去还复来的红顶商人。胡雪岩这一招“借鸡生蛋”，真如变戏法一般。实际上，我们的目光不应仅停留在王有龄身上，在这里胡雪岩如何借用王有龄之力才是他的高明之处。生意场上的戏法如何去“变”以及“变”得好坏与否，又的确显示着经营者的眼光、胆略和技巧的高低。

## ❖ 跟胡雪岩学做事之道

很多人以为第一桶金很难得到，需要长时间的积累或很好的运气。其实不然，快速获得第一桶金的最佳办法就是借他人的力，做自己的事。

# 一定要用靠得住的帮手

对用人者来说，必须知道“一行生意宜一种人”，人有不足不要紧，关键在于他对所托之事是否靠得住。在这一点上，胡雪岩有正反两面的深刻经验和教训。正面的例子最著名的莫过于他在胡庆余堂开办之初，决定药店总管的人选。

关于胡雪岩为什么要开办药店，江浙一带至今流传着一种所谓“一怒创堂”的说法。据说，有一次胡雪岩家人生了病，请来杭州城里最有名的医生诊治，开出药方后叫人到当时杭州最大的药店叶种德堂去抓药。不料，药抓回来却发现其中有几味已经发霉变质。于是，胡雪岩又打发人去与药店理论，要求退换。但叶种德堂不仅不给调换，反而讥嘲说：“本店只有这种货，要好药请你们胡大先生自己开药店好了。”去理论的人回来将这些话告诉了胡雪岩，胡雪岩听后非常愤怒说：“真是可恶之极！药店本以活命救人为目的，实为仁术，岂能拿人命当儿戏？我胡雪岩就要办一个真正济世救人的药店让他们看看！”于是他创建了胡庆余堂。

这个传说的真伪且不去考证，但胡雪岩办药店并不是为了赚钱，这是可以肯定的。

胡雪岩创办胡庆余堂时，他已经拥有土地1万亩，白银3000万两，丝行钱庄生意兴旺，典当也已开出近20家，实在不靠这药店赚钱。

基于这一目的，胡雪岩对药店总管的人选十分慎重，一定要用对药店药品质量靠得住的人。为此，在挂出“胡庆余堂雪记国药号”的招牌后，胡雪岩广泛征选药店总管。许多人前来应征，他们中有不少人就药店开办之后如何扩大经营，如何提高利润等，提出了许多切实可行的方案，甚至有人保证药店开业两年之内就为胡雪岩收回几十万两银子的投资。但对这些人，胡雪岩都笑着婉言拒绝了。

一天，有人向胡雪岩提起江苏松江余天成药号的总管兼股东余修初，此人十分上进，一心要在药店一行干出一番事业，只可惜他没有经济实力。胡雪岩听到后亲自到松江求教。余修初对胡雪岩说，要保证出售药品的质量，必须不惜资本，建立自己的药厂、药号、药行、药市，形成一条龙的药业体系。这番话与胡雪岩的心思不谋而合，胡雪岩当即拜请余修初出任胡庆余堂总管，并相互约定，药店以救命活人为本，以店养店，不以赚钱为目的的宗旨。

就这样，在杭州名气很大的余修初，做了胡庆余堂的第一任总管。由于胡雪岩用了余修初这样一个对药品质量样样精通的人，胡庆余堂能够创出著名的金字招牌也就不足为怪了。

胡雪岩选用人才一贯主张要用靠得住的人，但是，智者千虑必有一失。由于晚年事业太庞杂等原因，使他任用靠不住的人，结果造成事业的重大损失。

胡雪岩重用宓本常为其上海钱庄的最后一任总管便是他用人的一大失误。宓本常虽蒙胡雪岩重用，但却毫无忠心，利用其在阜康的地位，调度阜康公款与其表弟陈义生大做南北货生意，数额超过30万两白银。当胡雪岩感到与洋人斗法囤积大量蚕茧，积压资金太重，经营充满危机，后来听从古应春的建议，实施购买两家新式缫丝厂，以清耗蚕茧，委托古应春经办时，宓本常却因为这影响到他做南北货的生意而从中多方作梗，连胡雪岩早就准备好的购厂专款也拒绝划拨，致使购缫丝厂的计划流产。当阜康发生挤兑风潮时，终因资金被丝茧积压太多、周转不灵，而使胡雪岩庞大的金融帝国崩溃了。

俗话说：“宁咬鲜桃一口，不吃烂杏一筐。”用人一定要用靠得住的人，也就是那些有能力而忠诚的属下。而对那些蠢材愚人，没有必要处处照顾，尤其不能用小人，对小人要采取防范、堵塞、疏远、教育、惩罚的方法，方能避免悲剧的发生。

### ❖ 跟胡雪岩学做事之道

人靠不靠得住，在多大程度上值得信任和依靠，因人而异，因文化道德水平的不同而异。所以，在用人的时候，一定要仔细考察。否则，会给你的事业带来毁灭性的灾难。

## 大材大用，小材小用

胡雪岩对自己的用人之道总结说：“我的奇计很多，大小由之，大材大用，小材小用，只看对方怎么样。”他把自己的这一用人原则称为“奇计”，其实就是“量才使用”。胡雪岩所谓“大材大用，小材小用”，就是根据人才能力大小和专长，给他们找到合适的位置，以尽可能地发挥他们的作用，同时也不会对经营带来不利影响。

刘庆生本是一个钱庄的小伙计，但人很精明，“外场”能力强，胡雪岩就用他当阜康钱庄的“档手”；古应春懂洋文，了解洋行，善于和洋商打交道，胡雪岩便在与洋人有关的生意中完全倚重他；尤五掌握着漕帮势力，熟悉帮会情况，胡雪岩就让他主持杭州经松江到上海一路的丝、粮水运；“小和尚”陈世龙是一个类似街头小混混的青年，还好赌。但人很机灵，也能自制，胡雪岩就教他在江湖上奔走往来；杭州城一个姓周的老更夫，在杭州遭受兵火战乱的期间仍坚持职守，使杭州城梆声不断，胡雪岩就聘请他来看守自己的仓库……

王余庆刚到胡庆余堂的时候只是个被安排打杂的伙计。他的工作无非就是打扫卫生、为客人端茶倒水什么的。但是这个小伙子的父辈都是郎中，他自己也懂得很多医药知识，并且聪明伶俐，口齿敏捷。尽管没有安排在合适的位子上，他仍旧每天乐呵呵地工作。

一次，王余庆经过前堂的时候被抓药的伙计叫住了，他让王余庆顶替他一会儿，他有急事要出去一趟。王余庆就自然而然地冒充起了抓药的伙计。尽管之前没有干过，但是他似乎非常适合这份工作。他先是将各个药材所在的柜子大致看了几遍，并默默记在心里。

一位顾客进来了，结果顾客并不是来买药的，而是来退药的。顾客说家里的人得了风寒，但是喝了这服药根本就没有效果，反而病情加重了。顾客便认为胡庆余堂卖假药，要找掌柜算账。

这时店铺门口也陆续围了一些人。王余庆并没有慌张，他先请顾客坐下来，给他倒了杯茶，对他说："您先消消气，如果是我们的错误我们肯定承担。"接着，他拿着顾客的药材和药单仔细看了起来，他发现药材配得没有问题。

随后，王余庆便问顾客家人的症状，经过顾客的描述，王余庆便觉得顾客家人所得的病并不是风寒。于是他就对顾客说："您这服药没有问题，但是您家人所患的并不是风寒。我给您免费配一服药，若是明天不见效，您直接过来找我算账！"

于是此事就圆满解决了。胡雪岩刚好路过，也看到了这一幕。之前他在前堂并没有见过这个小伙计，但是对他的处事方式十分满意。

第二天，顾客又来了，但这次并不是来找茬的，而是来感谢王余庆的。但是他在前堂没有看见他，后来，掌柜将正在后房打扫卫生的王余庆叫了出来。

顾客见到他，就大叫他"恩人"。原来那服药刚喝下去，过了一个时辰，病人就有好转了。到了第二天，已经能下床了。所以顾客特地来感谢王余庆。

胡雪岩命掌柜将王余庆升为前堂掌柜助手，这一来，王余庆也有了发挥自己能力的机会。胡雪岩坚持的用人方针就是"大材大用，小材小用"。他尽力让每一个人才都能够在自己合适的位置上，这样才不至于埋没人才。

胡雪岩在"量才使用"上几乎达到了裁缝量体裁衣般的精细。比如，他办胡庆余堂药号，重金聘请长期从事药业经营，熟悉药材业务，又懂得经营管理的行家担任经理；聘任熟悉药材产地、生产季节、质量真伪优劣的人当协理，作为经理的副手，负责进货业务；还选用熟悉财务的人担任账房。以上三种人被视为一级职员，称为“先生”，他们能写会算，懂业务、善经营，属于穿长衫的“脑力劳动者”，因而一切待遇从优；先生以下，是二级职员“师傅”，他们略懂药物知识，会切药、熬药、制药，经验丰富，是穿短衣，在工场劳动的“熟练工人”，工资待遇低于先生；师傅以下是最后一级的帮工，他们是临时雇来的，主要从事搓药丸等简单劳动，论件计酬。由于分工明确，能位相称，酬劳合理，胡庆余堂运转灵活，相互协调。

不仅如此，胡雪岩量才用人之恰到好处，有时甚至将小材造就成了大材，在别人眼里难以成器的朽木，到胡雪岩手里却能化腐朽为神奇，让其展现出最为拿手的一面，发挥出巨大的作用。比如，刘不才好赌，连自己祖传的药堂也搭了进去，胡雪岩就专门拿钱把他重新打扮一番，让他每天从早到晚陪达官阔少赌博，单是刘不才和庞二少爷的赌友关系，就为胡雪岩带来了垄断上海市面生丝生意的成功。

大材小用，委屈了人才，大材没有积极性；小材大用，才力不够，成不了大事，还可能使生意遭受损失。

扬长，即发挥长处；避短，即抑其不足之处。就客观而言，十全十美的人可以说是没有的，为此，在用人的行为中，领导者应尽力发掘被使用者的长处，扬其“长”而抑其“短”，使其充分发挥自己的人才效能，做到以一当十，人尽其才，才尽其用。

## ❖ 跟胡雪岩学做事之道

人才是重要的，但给人找到一个恰当的位置，才更见生意人的才识和眼光。对此，扬长避短，用其所长就显得十分重要。

# 该用人时大胆的使用

有些人过去犯过错误，有劣迹，并不代表这些人永远都是坏人，随着对生活认识的不断改变和增强，由坏变好的人太多太多，绝不能用一成不变的观点看人。该用人时还应该大胆的使用。千万不要戴着有色眼镜看人。

胡庆余堂新招的伙计里有一个姓彭的伙计表现特别出色。此人反应敏捷，身手迅速。他被安排去做药材采购工作。此人善于交际，工作十分出色，连采购总管都认为这是个可以栽培的好苗子。

但是过了段时间，店铺里开始流传这样一条讯息：前几年这个彭姓伙计因为盗窃在大牢里呆过一段时间。这个消息一传出，彭姓伙计的身价一下子大跌。总管也好像不那么器重他了，一些重要的药材根本不让他插手。伙计们也都开始用另外一种眼光看他，这个伙计很是苦恼。

后来，胡庆余堂急需一批重要的药材，因此胡庆余堂需要派人将货款亲自送到商家手里，并且当场一手交钱、一手交货。这个时候，采购总管身体不适，根本无法支撑这样远的路程。当时店铺掌柜就开始发愁了，不知道派谁去好。

派去的这个人首先要懂得如何辨别药材，还要善于和商家讨价还价，所以此番任务十分重大。

胡雪岩知道了此事，问及哪个伙计的表现突出。掌柜算来算去，也就算彭姓伙计表现比较突出，他的业务水平是可以肯定的。但是考虑到其有过前科，所以掌柜就将他排除了。

胡雪岩听完之后，说："将那人带过来我见见。"

胡雪岩见到彭姓伙计之后，问他："如果让你去验收这笔药材，你可有信心？"

彭姓伙计听了大为震惊，他知道因为自己有过盗窃前科，谁都不愿意相信他，但是胡雪岩却委以重任，他感动得不知道该说什么好。他坚定地说："大人您放心，我一定完成任务。"

掌柜很是疑惑，他担心这其中会出什么纰漏。但是胡雪岩说："'用人不疑，疑人不用'，既然他都进了胡庆余堂，那就没什么好担心的。该用就要大胆地用。此人也是一个人才。"

果然，彭姓伙计不但顺利地完成任务，还以比之前低很多的药价将药材顺利地运回来。这一来，再没有人怀疑彭姓伙计的能力和人品，他很快成为采购方面的得力助手。

要选择特别之才，就得用非常之法，在激烈竞争的商场中，胡雪岩的这种选材用材的思路是有极强启示意义的。另外，不用教条的眼光看人，也包含着人不能一味地带着有色眼镜看人。

在你的周围，会有少数人出身"高贵"，他们或有亲朋好友手握大权，或家庭背景显赫。同样，也会有些人出身寒门，是凭着自己的执著和才干一步步地走到今天。所以，我们在用人的时候不能总是戴着有色眼镜看人。

假如你是一个老板，对那些之前犯过错误的人，你要是从来不正眼瞧过人家；要是犯了错误，哪怕是一些微不足道的失误，即使他们是人才，你也不会重用他们。其实，这是你的损失。

## ❖ 跟胡雪岩学做事之道

俗话说："人非圣贤，孰能无过。"世界上真正的完人是很难找到的，其身上总会或多或少地掺杂着一些劣根性，只要不碍大局，又有何妨呢？为此，就用人者来说，不必眼睛盯着一个人的短处，而应该注重其长处。

# 第04辑

# 以人为本，管理有方才会做大做强

一份成功的事业，一定会有一个英明的领导：把做人与做事合为一体，方方面面考虑周全，把“领导即做人”的第一定律发挥到淋漓尽致的程度。胡雪岩有自己的一套领导哲学——以人为本，的确，聪明的领导者主管事物，往往会把重心放在主管人上，人管理好了，事情也就做好了。

# 不惜重金招揽人才

所谓"千里马"就是高贵难得的人才。对这样特殊的人才就应特殊的对待。胡雪岩招揽人才从来是不惜出以重金，在他看来，以财揽才就如将钱买货，货好价必高，值得重金揽得的人也必是忠心而得力的人。他说用人和买物一样，"一分钱，一分货"，话是糙点但理却不糙。

胡雪岩在管理人的时候，除了以诚相待、用人不疑、用之不拘之外，一个很重要的手段就是以重金揽才。

他在筹办阜康钱庄之初，急需一个得力的"档手"。经过考察，他决定让原大源钱庄的一般伙计刘庆生来担当此任。钱庄还没有开业，周转资金都没到位，胡雪岩就决定给刘庆生一年二百两银子的薪水，这还不包括年终的"花红"。而且一经决定，他就预付刘庆生一年的薪水。当时住在杭州，保持每顿荤、素都有，冬夏绸、布皆备的生活水准，一个八口之家一个月吃、穿、住的全部花销也不过十两银子出头。不用说，一年二百两银子，实在是高薪延聘，连刘庆生都感到这实在是太慷慨了。

胡雪岩的这一慷慨，也着实厉害得很。首先，它一下子打动了刘庆生的心。当他气派的将二百两银子的预付薪水拿出来的时候，刘庆生一下子便激动不已，他对胡雪岩说："胡先生，你这样子待人，说实话，我听都没听说过。铜钱银子用得完，大家是一颗心。胡先生你吩咐好了，怎么说怎么好！"这意味着胡雪岩的慷慨一开始就让刘庆生心悦诚服了。

其次，胡雪岩的慷慨也一下子安定了刘庆生的心。正如胡雪岩为刘庆生打算的，有了这一年二百两银子，可以将留在家乡的高堂妻儿接来杭州，上可孝敬于父母，下可尽责于妻儿，这样也就再无后顾之忧，自然也就能倾尽全力照顾钱庄生意了。而且，手里有了钱，“心思可以定了，脑筋也就活了，想个把主意，自然就高明了”。

不用说，就是这一慷慨，胡雪岩便得到了个确实有能力，也的确是忠心耿耿的帮手，阜康钱庄的具体营运，他几乎可以完全放手了。

另外，胡雪岩招揽得力助手周一鸣也是采用不惜重金而如愿的。

当时周一鸣在另外一个钱庄里任职。胡雪岩去过几次，发现周一鸣做事认真并且颇有章法。于是他很想把周一鸣收为己用。但是考虑到周一鸣当时在那个钱庄待遇也相当不错，所以要想留下周一鸣，非得比那个钱庄开的待遇要高。

胡雪岩找到周一鸣，当时周一鸣在扬州。刚开始他并没有说想让他跟自己去杭州的钱庄任职。胡雪岩先跟他闲谈一会儿，然后问他的职业生涯规划。他说：“我希望自己以后每年可以挣到两百两银子，然后过两三年将自己的妻子和父母接到扬州城里一起住。”

这时胡雪岩的心里有底了。他便开口说想让周一鸣跟自己去杭州钱庄任职。胡雪岩开的条件是：每月给他 50 两银子，每年 600 两银子，年终视经营情况酌情给予分红。并且，胡雪岩先支付周一鸣一年的工钱，让周一鸣将妻子父母都接到杭州城里住。

周一鸣深深为胡雪岩的条件吸引住了，他彻底被胡雪岩收服了。当然，这其中还有另外一个原因，因为他知道，跟着胡雪岩做事，不但爽快干脆，而且凡事都是占上风。所以，他理所当然地答应了胡雪岩的邀请。后来，在阜康钱庄的打理上，周一鸣做得相当出色。周一鸣一直为胡雪岩效劳了几十年。

胡雪岩在生意场上有极响的够交情的名声，无论黑道红道都把他看作是做事漂亮的场面人物，愿意帮他做事或与他合作，这与他的不惜重金礼聘、以财揽才是分不开的。而且，更可贵的，胡雪岩在对人的问题上从来不吝惜钱财，也显示出他对人的一种真正的尊重。

### ❖ 跟胡雪岩学做事之道

在胡雪岩看来，以财揽才就如将钱买货，货好价必高，值得重金揽得的人也必是忠心而得力的人。

## 会识人才会去管人

识人，就是要了解一个人，洞悉一个人，摸透其脾性，掌握其德行，知道其才识。这既是良好交往之所需，也是管人之所需。在胡雪岩看来：老板不了解一个人，就不能管好一个人。所以，识人是胡雪岩管人的前提。

胡雪岩的胡庆余堂店铺里新来了一个小伙计叫李祥生。当时李祥生只有十六七岁的样子。看起来并无过人之处。但他忠厚老实，任劳任怨。店铺里的其他伙计经常指使他去做很多事情，他也从无怨言。

李祥生家境贫穷，他将每个月得到的工钱都分文不少地交给年老的母亲。他从不跟其他员工去酒馆和茶馆。更多的时候，他会呆在店铺里研究药材的来源和类别。

胡雪岩来店铺的次数不多，他将大部分的事情都交给店铺的掌柜打理，他只是偶尔来一次，做做视察。在胡庆余堂里，各种药物原料鉴别是一项十分重要的工作。这种工作一般都会由店铺的掌柜亲自挑选人才。而李祥生在胡庆余堂里已经做了将近两年，但是掌柜却很少注意到他。

一次，胡雪岩来店里查看。最近，胡雪岩想研制一种新的药材，掌柜已经开始着手准备，并将药物的原材料和药性成分都写好，汇报给胡雪岩。胡雪岩听完掌柜的汇报，既没有点头，也没有摇头。掌柜见状，便问："大人有何指教？"

胡雪岩捋捋胡子，他隐约感到药物的搭配欠妥当，但是他并不确定到底是哪里出了问题。正在这时，李祥生端着茶壶过来续水，他偶然看到了放在桌子上的药单。由于将太多的注意力放到药单上，他不知不觉将水倒溢出来了。

掌柜立即大声呵斥他，李祥生吓得不知所措。但是胡雪岩却注意到了李祥生的表现，他摆摆手让掌柜不要责怪，和颜悦色地问李祥生："这副药单你觉得怎么样？"

李祥生先看看胡雪岩，又看看掌柜，不知道该不该回答。

掌柜说："大人让你说你就说吧。"

李祥生说："回大人，药单里有两味药不能放在一起，因为此两类药的药性会发生相克。"

胡雪岩思考了一会儿，便询问是哪两种药。李祥生不卑不亢，一一道来。

胡雪岩点点头，便询问起李祥生的情况。然后，他就让李祥生下去了。

李祥生走后，他对掌柜说："店铺里有这么个人才你都没注意到啊！"

掌柜不解，因为李祥生看起来是再普通不过的人物。胡雪岩说："他一眼就能看出药性会相克，说明他对药材的性质了解得十分清楚。他只做了两年就有这样的水平，可见他的智力过人。所以，这样的人应当重用啊。"

掌柜恍然大悟。不懂生意经，买卖做不通。于是他将李祥生提升为店铺的大伙计，果然，李祥生在药材方面的天赋逐渐显露出来。他甚至只是闻一下药材就能够猜出药材的药性和药理作用。李祥生后来为胡庆余堂的招牌药八宝红灵丹等的研制发挥了不小的作用。

此外，胡雪岩因为事务繁多，他想为自己找一个得力的助手帮他打理生意上的一些事情。他先让阜康钱庄的庄主推荐几个人，然后由他亲自筛选。

庄主根据钱庄里各位伙计的表现，经过筛选，留下了两个人。这两个人为钱庄作的贡献不小。一位姓王，一位姓陈。尽管业务成绩非常出色，但是这两人的性格差距很大。姓王的伙计喜欢出风头，凡事不愿意落在后面，有种锋芒毕露的感觉。而姓陈的伙计一直比较沉默，此人比较忠厚老实，看起来并没有过人之处。

当时，很多伙计都认为王姓伙计将会成为胡雪岩的得力助手，因为在其他人看来，此人无疑是员工中最为出色的一个。而陈姓伙计并没有过多地将此事放在心上，依旧忙自己的工作。

胡雪岩来了，两位伙计过来见他。两人刚到，王姓伙计就急着将自己介绍给胡雪岩，而陈姓伙计等李姓伙计介绍完之后，仍旧默不作声。

胡雪岩问："你也介绍下自己吧。"这时陈姓伙计才将自己的名字、家世等报了出来。

胡雪岩问他们："你们当中只有一个人能成为我的助手，你们觉得会是谁？"

王姓伙计再一次抢先，他说："大人，小人觉得一定能够成为您的得力助手，小人愿意为大人鞍前马后，誓死效忠。"

而陈姓伙计说："不管大人选谁，都自然有大人的想法。若是小人能选上，自然为大人竭尽心力，若是选不上，小人自当做好本分工作。"

胡雪岩微笑着点点头。

随后，胡雪岩又问："你们的人生目标是什么？"

王姓伙计说："小人若是能有大人的万分之一成就也就知足了，大人是小人的楷模。”

陈姓伙计说：“衣食无忧，平淡生活。”

胡雪岩让两位伙计下去了。然后，他对庄主说：“让那位姓陈的伙计收拾行李，明天跟我去上海。”

庄主不解，问为何选陈姓伙计。

胡雪岩说：“性格淡定，不动声色，宠辱不惊，能够担当大任。他会是个得力助手。”

庄主又问：“那王姓伙计呢？”

胡雪岩说：“锋芒毕露，沉不住气，爱出风头，早晚得罪人。”

庄主恍然大悟，暗叹胡雪岩识人高明。

正所谓知人知面不知心，人的表面和内心未必是表里如一的。因为人心的不同，所以不能够一概而论，因为受到资历、资望、资格、现实等因素的限制，人才是很容易被埋没的。作为领导者，要知道下层的个性，要客观了解员工的情况，从细节之处出发，这样才能发现员工的闪光点，开发员工的潜能，对员工情况作出合乎情理的评价，万不可先入为主，臆断评定。

## ❖ 跟胡雪岩学做事之道

胡雪岩说：“不了解一个人，就不能够用好一个人。”了解一个人，洞悉一个人，摸透其脾性，掌握其德行，知道其才识。这既是良好交往之所需，也是用人之所需。

# 用人应不拘一格

诗人龚自珍在《己亥杂诗》中云："我劝天公重抖擞，不拘一格降人才。"可是，如果在用人上拘于一格，老天"不拘一格降人才"又有什么用？

拘于一格，意味着思想保守、观念落后、形式呆板，以至于不敢大胆用人、灵活用人。如此做法，往往使得人才无法冒尖、无法尽其所能。所以，胡雪岩认为："用人之道，不拘一格；能因时因地制宜，就是用人的诀窍。"

从太平军手里攻占杭州后的一天深夜，胡雪岩正在思忖着如何应对大局，突然发觉墙外有人在敲锣打梆子，这是在打更。久困之城，刚刚光复，一切还都是兵荒马乱的景象，居然还有巡夜的更夫。对此，胡雪岩有着空谷足音的喜悦和感激。他觉得这位更夫是一个非常尽忠职守的人。如果能让他去巡守仓库，肯定是一位让人放心得下的上上人选。

清人顾嗣协曾写过这样一首诗："骏马能历险，犁田不如牛。坚车能载重，渡河不如舟。舍长以就短，智高难为谋。生材贵适用，慎勿多苛求。"人各有所长，用人贵在择人任势，使天资、秉性和特长不同的人在不同的岗位上各得其所。

在创业的过程中，人是最活跃的因素。一般来说，在用人问题上，白璧无瑕、文武全才者固然是最为理想的人选，但"金无足赤，人无完人"，现实生活中往往会出现鱼和熊掌不可兼得的情况。这个时候，到底是用

"有瑕之玉"还是用"无瑕之石"，就完全看用人者的眼光了。

此外，胡雪岩在经营管理中，非常善于用人之长，客观待人，《胡庆余堂：中药文化国宝》一书记载了这样两件事：

有一年，胡庆余堂负责进货的"阿二"千里迢迢到东北采购大批药材，可当他风尘仆仆地回到杭州后，药号"阿大"见人参质量不如往年，价格却比过去高，就埋怨阿二不会办事。阿二认为质次价高是因为边境有战事之故，两人一直吵到胡雪岩处。胡雪岩了解情况后，留他们吃饭，并特意向阿二敬酒，感谢他万里奔波，在货源短缺的困难时期为胡庆余堂采购到大量紧俏药品。用这些话打动阿二的心，他也向阿大举杯敬酒，两人一笑泯怨怒。饭后，胡雪岩吩咐阿大："古人云，将在外，君命有所不受，商事如同战事，应当用人不疑。以后凡采购的价格、数量和质量，就由阿二负责。"阿大怕这样做有了两个阿大会坏了店规，胡雪岩说："我们就叫阿二为'进货阿大'。"从此，胡庆余堂便有了两个"阿大"，两位阿大各司其职，把生意做得更红火了。

又有一次，胡庆余堂的一个采购人员不小心把豹骨误作虎骨买了进来，而且数量还不少。由于进货阿大了解这个采购人员平日做事很牢靠，加上自己手头正忙，也就未加详察的把豹骨直接入库备用。有个新提拔的副档手（副经理）得知此事，以为又有晋升机会了，就直接找胡雪岩打"小报告"，胡雪岩当即亲自带人到药库查看了这批药材，发现确实把豹骨误作虎骨了。胡雪岩对进货阿大说："你知道什么是生命之源吗？它指的是我们的衣食父母，我们能把假药、次药用来欺骗我们生身养命的父母吗？"然后，就命药工全部烧毁。眼看由于自己工作失误带来巨大的经济损失。进货阿大羞愧地向胡雪岩递了辞呈。不料，胡雪岩却温言相劝，说："忙中出错，在所难免，以后小心就是。"那位阿大心怀感激地对胡雪岩说："烧了这些药，您心里踏实。我们也可以引以为戒。"

摆平了阿大失察这件事，那位自以为举报有功，等着奖赏的副档手，正在美滋滋儿地偷着乐的时候，突然接到了胡雪岩发来的一张辞退书。胡雪岩不仅没有奖赏他，反而炒了他的鱿鱼。因为在胡雪岩看来，身为副档手、发现伪药不及时向进货阿大汇报，已是渎职，而背后打“小报告”更是心术不正，继续用此类人，肯定会造成上下隔阂。

胡雪岩宁愿用有一技之长的“刺头儿”，也不愿要那些唯唯诺诺的平庸之辈。胡雪岩认为，人力管理是经营的关键，就应不拘一格。

### ❖ 跟胡雪岩学做事之道

用人的原则，应当从一个人壮年精力旺盛的时候就使用他。如果拘泥于资格，那么一个人往往要到昏乱糊涂的老年才会得到重用。如果其才能可以任用，就要不限资历，超级提拔。

## 放手和监督并用

对于手下人，要有放手去用的气度，可以想象，一个整天指手画脚又疑神疑鬼的人很难用好人才。只要是胡雪岩认准的人，他会让你放手去干，甚至鼓励你去犯“必要的错误”；另一方面，他也会用适当的方法进行考察，做到万无一失。

商场如战场，竞争激烈，战机稍纵即逝。如果不能及时抓住机遇，事后悔之晚矣。通常情况下，影响人们抓住机遇的因素很多，除了才能等因素之外，还存在心理上的问题。对于老板来说，还要敢冒蚀本破产的风险；对伙计来说，则不能不看老板的脸色、考虑老板的愿望来行事。老板与伙计各有顾虑。这是一般的常情。但如此一来便会放不开手脚，也就容易失去许多宝贵的机会。

然而，胡雪岩在用人上与众不同，除了自己敢于开拓，敢于出奇招，常做人不敢想、不敢做的生意之外，还特别善于培养手下人独当一面，敢于负责的能力。

阿珠的父亲老张在妻子和儿女的鼓动之下，接受了胡雪岩的聘请，弃船登陆，回到湖州开丝行。老张本来就是一个老实本分、没有见过什么场面的人，回到湖州既不知道怎么打开局面，也不敢拉开架式大干，就连胡雪岩几番催促，要他赶紧寻找一间气派宽敞而临街的房子搬家的事，也一拖再拖，直到胡雪岩二下湖州，他们一家还住在地处偏僻深巷的狭窄老屋里。老张不肯搬家，一是考虑搬家是一件麻烦事，需要时日；二来更是因为怕搬家之后，架势拉大了，弄得轰轰烈烈，而自己却照应不过来，以后难以收场，因而也下不了决心。胡雪岩用生意人的眼光开导老张说：只要丝行开张，他们就有进账，因此“要勤、要快，事情只管多做，做错了不要紧！有我在错不到哪里去”。

胡雪岩的这番话既是对老张的鼓励，让他放开手脚去干，同时也透露出他的自信。

胡雪岩是个善于把握大局、掌握大方向的人。在他看来，只要大的方向对了，即使在个别环节和小的细节上出了问题，也不会影响全局。因此，只要看准了，就应该大胆地行动，决不能瞻前顾后、左顾右盼、事事观望请示，不然轻则错过商机，重则影响大局，反而是犯下了不错之错。

另外，胡雪岩的这番话也是他在用人上一直奉行的又一个重要原则，即放手使用、用而不疑。一般来说，除非是那些必须他拿主意的、关系生意前途的重大决策，在一些具体的运作上，胡雪岩总是放手让手下人去做，决不随意干预。即使在阜康钱庄开办之初，当他认定自己聘请的钱庄档手刘庆生可以独自料理生意事务之后，也几乎是完全放手让他去做。他只是规定了几条大的原则。

由于钱庄档手每天在“钱眼里翻跟斗”，动不动就是几万或者数十万银子，所以档手除了具备才干之外，必须操守好才能真正让人放心。这天，为了进一步考察刘庆生的才干和操守，在没有事先通知的情况下，胡雪岩突然从湖州赶回杭州的阜康钱庄，胡雪岩是故意叫刘庆生猝不及防，想看看他一手经营之下的阜康，究竟是怎么个样子？进了阜康店堂，胡雪岩一边轻松地和刘庆生谈着路上和湖州的事，一边很自然地把视线扫来扫去。店堂里的情形，大致都看清楚了，伙计接待顾客也还客气，兑换银钱的生意，也不算少，所以对刘庆生觉得还满意。

“麟藩台的两万两银子，已经还了五千两……”刘庆生把这些日子以来的业务情形，做了个简略的报告，然后请胡雪岩看账。

“不必看了。”胡雪岩问道，“账上应该结存的现银有多少？”

“总账在这里。”刘庆生翻看着账簿，说结存的现银，包括立刻可以兑现的票子，一共是七万五千多两银子。

“三天以内要付出去的有多少？”

“三万两不到。”

“明天呢？”胡雪岩又问。

“明天没有要付的。”

“那好！”胡雪岩说，“我提七万两银子，只要用一天就好了。”说着拿笔写了一张提银七万两的条子，递给刘庆生。

胡雪岩这是一种试探，要看看刘庆生的账目与结存是不是相符。如果叫他拿库存出来看，显然是对人不相信，所以玩了这么一记小小的花样。

等刘庆生毫不迟疑地打开保险箱，点齐七万两的银票送到胡雪岩的手里，他又说：“今天用出去，明天就可以收回来。你放心，不会耽误后天的用途。说不定用不到七万两，我是多备些。”

就是这么片刻的功夫，胡雪岩已经神不知、鬼不觉地把刘庆生的操守与才干考察了一番。此事过后，胡雪岩更加放心地将阜康的生意交给刘庆生了。

从商务运作的角度看，放手让自己的帮手做主办事，其实是十分必要的。商场如战场，竞争激烈并且瞬间万变，所有的机遇几乎都是稍纵即逝。因此，搏战于商场之上，就必须牢牢把握一个又一个的机遇。如不能及时抓住机遇，要想获得成功，几乎是不可能的。不用说，要抓住机遇，既要有敏锐的眼光和准确的判断能力，更要有果断的决策和迅速的行动，而要做到果断决策、迅速行动也并非易事，它不仅要求决策者具有良好的素质，许多时候更需要那些手下人有敢于任事、创造性地开拓具体事务运作的能力。一个简单的事实就是，如果那些伙计们光知道事事看老板的脸色、等着老板的指令来运作，而不能放开手脚发挥自己的能量，当老板的不仅会像诸葛亮那样在事必躬亲的繁忙中累得吐血，而且必定会因为办事者的犹豫延误，放过许多失不再来的机会。

### ❖ 跟胡雪岩学做事之道

就识人用人来说，放心放手，实际上也是让对方诚心办事，并且充分发挥自己能力将事情办得圆满的一个重要前提。但是，老板不能对自己的员工缺乏一定的监督，并且注意一定的监督技巧。

# 人才用心思栽培

天底下没有那么多现成的人才供你使用。当你发现一个可造之材，就应像胡雪岩这样，用足心思下大力气栽培。一般情况下，只要你付出了，总会有回报的。

陈世龙，绰号“小和尚”，原本是一个整日游手好闲、混迹于湖州赌场街头、吃喝玩赌无一不精的“小混混儿”。这样的人，在别人眼里自然是不值得一提，况且郁四本来就不太喜欢他，甚至都不让他上自己的门，所以当胡雪岩提出要将他带在身边时，郁四就对胡雪岩说：“小和尚这个人滑得很，你不可信他的话。”并劝阻道：“我有点讨厌小和尚。不过，讨厌归讨厌，该管我还是要管。这个人太精，吃喝嫖赌，无一不精，你把他带了去要受累。”

但胡雪岩却对“小和尚”颇为欣赏，认为他虽不是做档手的材料，却是一个跑外场的好手，因而决意要好好栽培他。

胡雪岩主要欣赏“小和尚”的三个优点：第一，这小伙子很灵活。胡雪岩与“小和尚”的认识，其实非常偶然，是他在湖州认识的，恒利丝行档手让“小和尚”带他去找郁四，才使他与这小伙子有了一面之缘。但就是因为这一面之缘，胡雪岩却发现他与人交往时既不露怯，又对答得体，第一印象就觉得这小伙子可以造就。

第二，这小伙子不吃里扒外。胡雪岩对郁四说：“吃喝嫖赌，都不要紧，我只问郁四哥一句话，小和尚可曾有过吃里扒外的行为？”虽然郁四不喜欢“小和尚”，对这一点，还是很肯定地说：“那他不敢！要做出这种事来，不说三刀六洞，起码湖州这个码头容不得他。”有了这一点，郁四说的“小和尚”太精，反倒恰好证明了胡雪岩认为这小伙子很机灵的第一印象不错。

第三，最难得的是这小伙子很有血性，说话算数。这是胡雪岩自己试出来的。胡雪岩在正式决定将“小和尚”收到自己身边之前，和他谈了一次话，临分手时给了他一张五十两的银票要他拿去随便用。此前“小和尚”已经答应郁四和胡雪岩要戒赌，胡雪岩知道好赌的人身上只要有钱手就会痒痒，他要试试这小伙子是不是心口如一。当天晚上，“小和尚”虽然忍不住还是到赌场转了一转，但终归还是拒绝了别人的蛊惑没有出手下场。这一点更让胡雪岩看重，胡雪岩本来就有一个说法，要看一个人怎么样，最重要的就是看他说话算不算数。

在胡雪岩看来，一个小伙子吃喝嫖赌，都不要紧，只要有了上面这三条，也就有了很大的再造的余地。吃喝嫖赌，人很滑头，这自然不是什么优点，但它却也从反面说明这个人在场面上“玩”得转，而他能心口如一，这说明他还是有向善之心，这些短处也就有可能促使他改掉。比较而言，培养一个人的外场能力，比改掉一个人的毛病要难得多。

另外，陈世龙还在牙行帮过忙。“牙行”是最难做的一种生意，就凭手里一把秤，要把不相识的买卖双方撮合成交易，赚取佣金。陈世龙在牙行干过，说明他很能干。胡雪岩越发中意了，便决定把陈世龙带到自己的身边，让他跟古应春学“洋文”，让他跟自己跑市面。

后来，通过几次考察，胡雪岩有意好好栽培重用，便想把阿珠嫁给陈世龙。只是阿珠一心想做“胡家人”，不会想到陈世龙身上。倘若一方面自己慢慢与她疏远，而另一方面尽量让陈世龙跟她接近，两下一凑，这桩姻缘就大功告成了！胡雪岩心想，这件事绝对是好事。阿珠的父母，必定喜欢这个机灵能干的女婿，他们小夫妻也必定心满意足，饮水思源，都是自己的功劳。别的不说，起码陈世龙就会死心塌地帮自己好好做生意。

所以，当有一天陈世龙对胡雪岩说：“张小姐她一片心都放在胡先生身上”时，胡雪岩趁机暗示陈世龙说：“这我知道，就为这点我只好慢慢来。好在我跟她规规矩矩，干干净净，不会有什么太大的麻烦。”

照这样一说，胡雪岩是决定不要阿珠了。这为什么？陈世龙深感诧异：“胡先生，有句话，我实在忍不住要问。”他眨着眼说，“张小姐哪一点不好？这样的人才，说句老实话，打了灯笼都找不着的。”

由这两句话，可见他对阿珠十分倾倒。胡雪岩心想，自己这件事做对了，而且看来一定会有圆满结局，所以相当高兴。但表面上却不露声色，反而叹口气说：“唉！你不知道我的心。如果阿珠不是十分出色的人才，我倒也马马虎虎安个家，不去多伤脑筋了。就因为阿珠是这样子打着灯笼都难找的人，所以我才于心不忍。”

“于心不忍？”似乎越说越玄妙了，陈世龙率直地问道，“为什么？”

“第一，虽说‘两头大’，但别人看来总是个小，太委屈阿珠。第二，我现在的情形，你看见的，各地方在跑，把她一个人冷冷清清摆在湖州，心里过意不去。”然后，胡雪岩又低声说道：“我真正拿你当自己小兄弟一样，无话不谈。你人也聪明，我的心思你都明白。刚才我跟你谈的这番话，你千万不必给阿珠和她爹娘说。好在我的意思你也知道了，该当如何应付，你自己总要有数。”

陈世龙这才恍然大悟，喜不可言，原来是这样子“推位让国”！怪不得口口声声说跟阿珠“规规矩矩，干干净净”，意思就是表示并非把一件湿布衫脱了给别人穿，这番美意，着实可感。不过胡先生既不愿明说，自己也不必多事去道谢，反正彼此心照不宣就是了。

为撮合“小和尚”与阿珠姑娘的婚事，胡雪岩的确下了不少功夫，甚至请出了漕帮老大尤五帮助自己演好这出“移花接木”、劝阿珠嫁陈世龙的好戏，让阿珠晓得给人做小是委曲的，并且意识到给胡雪岩做小，更不会有什么好结果，从而使她心甘情愿地嫁给“小和尚”。

在胡雪岩看来，一个人感情的事不可能不考虑，但不论怎样，“生意归生意，感情归感情”，决不能因为感情而影响到生意。胡雪岩对于阿珠这件事的处理，开始想弄成“两头大”的局面，固然是为了生意考虑，但后来又撮合她与“小和尚”成婚，同样也是出于生意上的考虑。因此，胡雪岩不仅终于撮合成了一对好姻缘，同时也为自己造就了一个生意上的好帮手。

### ❖ 跟胡雪岩学做事之道

一个好的帮手很难找，不仅要在业务上用心思栽培，还要从生活上关心对方，这样才能让对方忠心为你办事。

## 积极对待老员工

“老马识途”的成语出自《韩非子·说林上》，描述的是这样一个故事：管仲、隰朋从桓公伐孤竹，春往冬返，迷惑失道。管仲曰：“老马之智可用也。”乃放老马而随之，遂得道。后来人们就用老马识途比喻阅历多、经验丰富的人能看清方向。当组织在考虑老员工管理时，首先要知道，他们就像那些识途的老马一样，是组织记忆的体现。老员工了解组织的成长过程，了解组织重大决策的背景，了解组织的成功和失败。

当然，随着一个人年龄的增长，会出现体力、视力与脑细胞记忆力明显衰退，其内心的激情也会自然消减。因此，老员工出现求安稳的思想也属正常。他们对于事业的态度不再像最初的时候，甚至对组织的未来缺乏兴趣。过往的经历使他们世故、畏缩、踯躅不前，他们不会像新员工那样张扬激情。这其实不意味着他们就没有激情。事实上，曾经的辉煌本来就是从未熄灭的火种。与新员工相比，点燃老员工内心的火种当然要更加困难一些。但只要充分了解他们，把握他们变化了的需要，在适当的时候采取适当的方法，他们“想当初”以及渴望得到尊重的心情就可以被激发，

“老夫聊发少年狂”的豪情依然是有的。对此，红顶商人胡雪岩深知这些。

当年老的伙计体弱之后，往往面临着艰难生活的境地。胡雪岩注意到了这一点，他设立了“阳奉”和“阴奉”。阳奉也就是退休金，发给那些老弱多病，无法继续工作的老伙计。而阴奉主要是在职工死后，按照其工龄长短发给其家属的生活费。

当然，也并不是所有的伙计都能够拿到这样的奖励，必须要为胡庆余堂作出过贡献，也有论功行赏的意义。尽管这是一笔不小的开支，但是胡雪岩这个方法却解决了老伙计的后顾之忧，由此也激发了老伙计在晚年也能够竭尽心力工作。

当然，胡雪岩所建立的激励机制并不只是限于物质激励。他在他的店铺里用“仁术为本”等精神因素来提高员工的责任感和事业心。正是因为这种良好的制度，胡庆余堂里老伙计很多，很多老伙计都将自己的一生奉献给了这里。有一位老伙计甚至从16岁一直干到了76岁，整整为胡雪岩效力60年！

积极地看待老员工所拥有的历史和经验，全面地判断老员工的技能变化以及适当地点燃他们的激情，这正是胡雪岩用人管理智慧给我们的启发。

客观地说，科学技术和组织发展会使组织内老员工的技艺越来越受到局限，曾经非常有价值的技艺也许已经成为不必要的了，但这绝不表示他们的技能就一无是处。每个人都是一个技能组合，在变化的环境中，有些技能在贬值，而有些技能则可能是在升值的。埃德加·沙因教授就曾明确指出，虽然一个人的技能不能随他的年龄的增加而增长，但智慧却可以。

另外，一个人技能的状况与其学习状况高度关联，而与年龄的关联其实不大。虽然年龄对新技能的掌握会有影响，但不能据此认定老员工就缺乏工作技能。

所以，企业不应当忽视老员工的作用。若是管理者刻意忽视这类下属，就未免有些过于目光短浅了！老员工凭着丰富的工作经验可以避免许多不必要的错误，从而省时省力。管理者除了在言语上进行称赞和鼓励之外，更要留意提供给这些老员工晋升的机会，使得他们能够真正地发挥自己的经验和知识。

可以让老员工帮助组织避免重复同样的错误，所以老员工所拥有的经验是极其宝贵的，不仅不应该被遗忘，还应该让更多的组织成员去分享。

## 以奖惩福利推动激励

以奖惩福利推动激励，其核心意思就是确定目标激励。目标是人活动的一种目的和理想。这种目的和理想是由人们的需要所规定的，它反映着人们争取达到某种意想结果的标准、规格和状态。目标是鼓舞人们努力工作的一种有效的刺激因素，只要目标设置得恰当、科学，就能起到诱发需要和动机，规定行为的作用。

胡雪岩关于奖惩激励的管理，主要主张是：赏，不忘记普通员工；罚，不回避管理阶层。

员工的劳动态度、技术水平、熟练程度各不相同，如果干与不干一个样，干好干坏一个样，必然造成平庸怠惰者安于现状，不思进取，而才高勤奋者不能脱颖而出，企业的发展也必将大受影响。为此，必须建立一种赏罚分明的竞争激励机制。

胡雪岩激励的方式有两种：一是分红，对那些没有资本的职员，会根据经营的好坏，在年底分红。二是入股分红，对那些有钱的职员，就让他们入股合伙。这样，职员的利益和胡雪岩的利益就紧紧连在了一起，他们不光是为胡雪岩效力，也是在为自己效力，做到了真正的“祸福同当”。

胡雪岩的另一激励措施是职位晋升、增加工资。凡是贡献大、能力强的员工都可以得到职位和工资的提升。当时，叶种德堂有个切药工，业务上功夫好，人称“石板刨”，因脾气耿直火爆而得罪人，在叶种德堂待不下去了，经人介绍来到了胡庆余堂。胡雪岩没有因他有“牛脾气”而对他另眼相看，反而按他的能力给以高工资，并提拔他当了大料房的头。“石板刨”见闻名天下的“胡财神”如此器重自己这个在叶种德堂受气的小人物，感其知遇之恩而加倍努力。从叶种德堂投到胡庆余堂门下后，“石板刨”从22岁一直做到77岁，整整为胡庆余堂效力55年！

胡雪岩激励的又一措施是设立了“功劳股”，这是从盈利中抽出一份特别的红利，专门奖励给那些对胡庆余堂有贡献的人。这种功劳股是永久性的，一直可以拿到本人去世为止。这种合理而带有激励性质的措施在很大程度上激发了员工的积极性。

胡庆余堂有位年轻的药工就受到过这种奖励，这名药工名字叫孙永康。有一次，胡庆余堂对面的一排商店失火。火势十分猛烈，眼看就要蔓延到胡庆余堂门前的两块金字招牌。孙永康见状，毫不犹豫地用一桶水将全身湿透，然后迅速地冲进火场，将招牌抢了出来。他的头发和眉毛都让火给烧掉了。

胡雪岩闻讯，当众宣布给孙永康一份“功劳股”，并大大赞扬了他的行为。此外，胡雪岩每次招聘职员时，总会先询问他们家里的情况，家用需要多少，然后先支一年的薪水给他们，帮他们解除后顾之忧。这一举措很得人心，使员工们干起活来特别卖力。

有一句古话说：“天下熙熙，皆为利来；天下攘攘，皆为利往。”此虽然忽略了人们的精神需要而显得有点偏激，但是却也肯定了人们的正常物质需要。

总之，任何经营者要想使自己的事业获得更大的发展，必须注重奖惩激励的作用。须知，完善的奖惩制度，会使员工感到这种保障的坚实可靠，从而进一步增进他们工作的积极性，凝聚起事业发展的巨大力量。

### ❖ 跟胡雪岩学做事之道

在心理学中，目标被称之为诱因。由诱因诱发需要和动机，再由动机达成目标的过程即是激励过程，也就是调动人的积极性的过程。

## 关键的时候不心软

对于领导者来说，最重要的就是能够发现一个人的才能，并且还要有约束此人行为的能力。若是没有约束此人的能力，即使此人有再大的才能也无法更好地为自己服务。一个拥有制度，严格按照制度办事的生意人，势必能够有效地端正手下员工的作风和态度。

胡雪岩善用人，他能够让有才能的人呆在合适的位置上。他给予每一个有才能的人发挥自己优势的机会，但是，他也能够处理在用人过程中一些显而易见的问题。胡雪岩从来不感情用事，他始终要求自己的下属不要居功自傲，要踏实本分地做好自己的事情。凡是在工作中达不到要求的员工，胡雪岩都会果断地将他们除名。他并不想因为一个人而导致整个事业的不良发展。

王三江也是胡雪岩发现的人才。当时王三江只是胡雪岩阜康钱庄的一个小伙计，胡雪岩慧眼识才，发现此人做事谨慎小心，且极有远见。于是他升王三江为钱庄大伙计，管理大小事务。

王三江的确是个人才，他为阜康钱庄注入了新的活力。在十多年的时间里，他为钱庄做出了巨大的贡献。正是因为如此，王三江开始放松自己，他开始在一些经营观念上不再听从胡雪岩的调遣。甚至有的时候反其道而为之。在人际关系上，王三江也开始放任起来。他不把其他伙计放在眼里，对他们大呼小叫，俨然钱庄离了他不行。

这与胡雪岩长期经营阜康钱庄形成的管理风格产生了巨大的反差。胡雪岩逐渐无法接受王三江的做法，他曾建议过王三江应当改善工作态度和做事风格，但是王三江对此并不在意。他曾对胡雪岩说："你放心，有我在，钱庄不会出问题的。"

胡雪岩对王三江的自信深表怀疑。他觉得有此人在，将会对钱庄的发展不利。果然，没过多久，王三江在酒醉之后被朋友硬拉去赌场，结果中了别人的圈套。不仅身上的钱财输了个精光，还欠下很多钱。

这时，赌场的打手们将他从赌场赶了出去，并威胁他若是三天之内不还钱，将会对他不利。王三江酒醒之后也猜想到这是个圈套，但是他深知若是自己不还钱，那些人根本不会放过自己。但是他实在是无法拿出那么多的银子，此事也不能让家人知道，更不能让钱庄的伙计知道，否则自己将颜面无存。

后来，他终于想到要假借胡雪岩的名义挪用钱庄的钱财。他深知此事的后果，但是他没有多想，而且胡雪岩现在也不在杭州，自己也有相当的权力。所以，他就用钱庄的钱还了欠债。

他本以为此事做得天衣无缝，但是他却不知道，此家赌场的老板曾经受过胡雪岩的恩惠，没过多久，胡雪岩就知道了此事。

胡雪岩自然大怒。他将王三江赶出钱庄，王三江苦苦求情，并说只要让自己留在钱庄，不管胡雪岩怎样处罚都好。也有伙计替王三江求情，但是胡雪岩斩钉截铁地说："现在的王三江已经不是过去的王三江，此种事情你既然能干出一次，就会有第二次。所以，钱庄不能留你。"

就这样，胡雪岩将王三江罢免，但是临走的时候他还是命令伙计给了王三江一些银钱。随后，他任命另外一个伙计接替王三江的位置。王三江的事例，也为员工们敲响了警钟。即便是贡献再大的人，也要遵守制度，否则，等待他的只有被罢免。

胡雪岩这样做的理由除了王三江挪用公款之外，更重要的是如果在钱庄中开始形成了一种习惯势力，管理出现真空，那么必将给企业带来巨大的危险。

尽管每个人都有不同的管理理念，但是有一点是十分肯定的：那些无视纪律、无视制度的员工，无论走到哪里都是不受欢迎的。也许他们的一些行为对老板来说是无关痛痒的，但是当这些行为成为一种习惯时，对老板生意的发展必然会带来消极的影响。

### ❖ 跟胡雪岩学做事之道

一个有远见的生意人，应当坚持能者上、庸者下的方针，这样才能够顾全大局。

# 第05辑

# 注重共赢，彼此容纳赚个和气生财

聪明的人着眼于长远，在对待盟友和竞争对手时，善于处理好眼前利益和长远利益的关系。当利益抵触，双方的争斗不可避免的时候，其仍能以和为贵，以和解的姿态化解一切矛盾，让两败俱伤的可能变成双方共赢的结果。胡雪岩懂得与同行、与顾客、与官府之间，只有互助才能生生不息发展的道理。彼此容纳，彼此和谐，这便是双赢的智慧。

# 让竞争对手也要得到好处

一只狮子和一只狼共同追捕一只小鹿，它们合作很好，当狼把小鹿扑倒后，狮子便上前一口把小鹿咬死。但这时狮子起了贪心，不想和野狼平分这只小鹿了，于是想把野狼也咬死，可是野狼拼命抵抗，后来狼虽然被狮子咬死，但狮子也身受重伤，无法享受美味。

这个故事讲述的道理就是人们常说的“你死我活”或“你活我死”的游戏规则！也说明不当竞争所带来的负面效应。

有人说商场犹如战场，但毕竟不是战场。战场上敌对双方不是你死就是我亡，而商场赛场不一定如此，有竞争，但更多的还需要合作。经商做生意也宜采用“双赢”的竞争策略，这倒不是看轻你的实力，而是为了现实的需要，如前面所说，任何“单赢”的策略对你都是不利的，因为它必然会有这样的结果：除非对手是个软弱角色，否则你在与对方进行争斗的过程当中，必然会付出很大的心力和成本，而当你打倒对方获得胜利时，你大概也已心力交瘁了，甚至所得还不足以偿付你的损失。

在人类社会中，你不可能将对方绝对消灭，因此你的“单赢”策略将引起对方的愤恨，成为你潜在的危机，从此陷入冤冤相报的循环里。

在进行争斗的过程当中，也有可能发生意外情况，而这会影响本是强者的你，使你反胜为败！所以无论从什么角度来看，那种“你死我活”的争斗在实质利益、长远利益上来看都是不利的，因此你应该活用“双赢”的策略，彼此相依相存。在商业利益上，讲求“有钱大家赚”，这次你赚，下次他赚，这回他多赚，下回你多赚。总而言之，“双赢”是一种良性的竞争，更适合于现代社会的相互竞争。

胡雪岩做生意，向来把人缘放在第一位。所谓“人缘”，对内是指员工对企业忠心耿耿，一心不二；对外则指同行的相互扶持、相互关照。因此，胡雪岩常对帮他做事的人说：“天下的饭，一个人是吃不完的，只有联络同行，要他们跟着自己走，才能行得通。所以，捡现成的要看看，于人无损的现成好捡，不然就是抢人家的好处。要将心比心，自己设身处地，为别人想一想。”胡雪岩是这么说的，更是这么做的，他的商德之所以为人称道，很重要的一条，就是把同行的情看得高于眼前利益，在面对你死我活的激烈竞争时，做到了一般商人难以做到的：不抢同行的饭碗。

胡雪岩准备开办阜康钱庄，当他告诉信和钱庄的张胖子“自己弄个号子”的时候，张胖子虽然嘴里说着“好啊”，但声音中明显地带有做作出来的高兴。为什么呢？因为在胡雪岩帮王有龄办漕米这件事上，信和钱庄之所以全力垫款帮忙，就是想拉上海运局这个大客户，现在胡雪岩自己要开钱庄，张胖子自然会担心丢掉海运局的生意。

为了消除张胖子的疑虑，胡雪岩明确表态：“你放心！‘兔子不吃窝边草’，要有这个心思，我也不会第一个就来告诉你。海运局的往来，照常归信和，我另打路子。”

“噢！”张胖子不太放心地问道：“你怎么打法？”

“这要慢慢来。总而言之一句话，信和的路子，我一定让开。”

既然胡雪岩的钱庄不和自己抢生意，信和钱庄不是多了一个对手，而是多了一个伙伴，自然疑虑顿消，转而真心实意支持阜康钱庄。张胖子便很坦率地对胡雪岩说：“你的为人我信得过。你肯让一步，我承你的情，有什么忙需要帮，只要我办得到，一定尽心尽力！”

在胡雪岩以后的经商生涯中，信和钱庄给了他很大的帮助，这都要归功于他当初没有抢了信和生意的那份情谊。甚至对于利润极丰的军火生意，胡雪岩也都是抱着“宁可抛却银子，绝不得罪同行”的准则。军火生意利润大，风险也大，要想吃这碗饭并不是一件容易的事。胡雪岩凭借着他已有的官场势力和商业基础，并且依靠他在漕帮的势力，很快便在军火生意上打开了门路，走上了正轨，着实做了几笔大生意。这样，胡雪岩在军火界也成了一个头面人物。

一次，胡雪岩打听到一个消息，说是外商又运进了一批性能先进、精良的军火。消息马上得到进一步的确定，胡雪岩知道这又是一笔好生意，做成一定会大有赚头。他马上找到外商联系，凭借着他老道的经验、高明的手腕，以及他在军火界的良好信誉和声望，胡雪岩很快就把这批军火生意搞定了。然而，正当胡雪岩春风得意之时，他听商界的朋友说，有人指责他做生意"不地道"。原来外商此前已把这批军火以低于胡雪岩出的价格，拟定卖给军火界的另一位同行，只是在那位同行还没有付款取货时，就又被胡雪岩以较高的价格买走了，致使那位同行丧失了几乎稳拿的赚钱机会。

胡雪岩听说这事后，对自己的贸然行事感到惭愧。他随即找到那位同行，商量如何处理这件事。那位同行知道胡雪岩在军火界的影响，怕胡雪岩在以后的生意中与自己为难，所以就不好开列什么条件，只是推说这笔生意既然让胡老板做成了就算了，只希望以后留碗饭给他们吃。

事情似乎到了这一步就算解决了，但胡雪岩却不然，他主动要求那位同行把这批军火以与外商谈好的价格"卖"给他；这样那位同行就吃了个差价，而不需出钱，更不用担任何风险。事情一谈妥，胡雪岩马上把差价补贴给了那位同行，胡雪岩的这一做法不仅令那位同行甚为佩服，就连其他同行也都非常钦佩。

如此协商一举三得，胡雪岩照样做成了这笔买卖；没有得罪那位同行；博得了那位同行衷心的好感，在行业中声誉更高。这种通达变通的手腕日益巩固着胡雪岩在商界中的地位，成了他在商界纵横驰骋的法宝。

❖ 跟胡雪岩学做事之道

有人说商场犹如战场，但毕竟不是战场。战场上敌对双方不是你死就是我亡，而商场赛场不一定如此，有竞争，但更多的还需要合作。

# 细心地维护市面平静

胡雪岩说："做生意第一要市面平静，平静才会兴旺。"由此，他总是细心地帮助官府维持稳定的局面，维持市面平静。

在胡雪岩第一次销洋庄的时候，他介入朝廷与洋人的争端，试图在朝廷与洋人之间充当调停人的角色，通过他的努力把上海市面做起来就是一个突出的事例。

胡雪岩之所以产生要充当朝廷和洋人之间调停人角色的想法，是因为他要在上海创下除销洋庄以外更大的事业。他要在上海设立阜康分号，要在上海做房地产生意，要在上海开米行，甚至还想在上海开戏院、茶楼。而所有这些生意，都必须有一个基础，那就是上海一定要保持繁荣的势头，而要保持上海的繁荣，首先必须设法使上海安定。

但实际的情形是，上海此时很不安定。上海不安定的因素主要来自两个方面：一是上海小刀会起事。当时的上海实际分为两部分：一个是上海县城，一个是外滩的外国人租界，也称"夷场"。虽然因为外国人曾经接济过小刀会，租界因此并未受战火影响，但小刀会起事以后占领县城，终成掣肘之患。二是由于洋人接济小刀会，与太平军从事军火交易，惹恼了朝廷，于是朝廷决定对洋人在上海的生意采取限制，颁布禁止丝茶运往上海的禁令，并决定在上海设立内地海关，增加关税。而洋人似乎也在与朝廷较劲，关系弄得很僵。有这两个因素在起作用，上海的进一步繁荣就受到很大的制约。

不过，这也不是没有回转的余地。能够加以调停的关键，是洋人与朝廷都不想长久僵持下去。对于洋人来说，如果一定要与朝廷僵持，他们在上海的生意就将全面受到影响。比如，现在他们急需的茶丝，因为货源断绝，就只能在上海高价购进。而朝廷主要也只是恼恨洋人资助小刀会和卖给太平军军火，才发出禁令。从实际利益来说，如果真正断了洋商的生路，朝廷也断了一条财源，起码关税就要少收许多。

由此，胡雪岩想充当调停人的角色。他认为，朝廷与洋人的争端绝不会长久，搞下去，洋人固然要受损失，但上海市面也要萧条，最终两败俱伤。他要做的是，在朝廷和洋人之间调停，把彼此发生争端的原因解除，叫朝廷相信洋人，也叫洋人相信朝廷，这样才能把上海市面弄热闹起来。那时开戏院、茶楼也好，房地产也好，才会无往不利。

于是，胡雪岩做了两件事：一是把自己囤积的生丝尽快脱手。这本来是他准备在销洋庄的过程中用来控制市场、垄断价格的一批丝。胡雪岩在这个时候脱手的目的，是要向洋人做出一种友好的姿态，因为洋人要在中国做生意，一般比较重视中国商人的态度。二是去苏州拜见江苏学政何桂清，想搭上官场的路子，在官场找到人来出面调停。在胡雪岩看来，如果有得力的人出来做这件事，平息朝廷和洋人之间的争端，并不是办不到的。

胡雪岩对于朝廷与洋人争端的看法，当然只是从他作为一个商人的角度去看的。撇开他看法的对错暂且不论，他对自己生意的兴衰与市面安定与否关系的认识，以及他基于自己的认识，主动去维持市面平静的努力，却是很有启发性的。

对于生意人要不要自觉去帮助维持市面，不同的人会有不同的看法。有的人也许会觉得生意人只管做生意，没有义务也没有能力去帮助维持什么市面。只要自己有手腕，能够把握住机会，市面平静有市面平静的钱可赚，乱世有乱世的钱可赚。这话也不能说没有道理。胡雪岩也说过，乱世之中，生意很难做，不过，越是难做就越是有机会。

但是，无论如何，做生意总是与市面的环境相关，与时局的安定与否相关。乱世之中，也许确实能够给人提供许多崛起的机会，但从根本上来说，事业的发展还是需要越做越大。只想着在乱世之中找机会，甚至惟恐天下不乱，这只是一种投机者的想法，这样的人不会有大出息。

### ❖ 跟胡雪岩学做事之道

市面只有安定才有可能繁荣，市面繁荣，自己的生意才有兴旺的条件，市面的安定与繁荣要靠大家来维持。一个想有大成就的商人应该有维持市面平静的自觉性和主动性。

## 分清“钱账”和“情账”

“钱财账背后的‘人情’，向来是比钱财更重要的。”胡雪岩认识到这一点，也受益于这一点。但是，当“钱财账”与“人情账”互为消减的时候，胡雪岩向来是将后者作为第一考虑的，他宁可舍去钱财做个人情。

往来要记账，事后免思量。对于合作伙伴，不仅要有一笔“钱财账”，还要有一笔“人情账”。让我们来看看胡雪岩是如何处理这两者之间的关系的。

为了能做成“洋庄”，胡雪岩在收买人心、拉拢同业、控制市场、垄断价格上可谓绞尽脑汁、精心筹划。他费尽心机周旋于官府势力、漕帮首领和外商买办之间，而且还必须同时与洋人和自己同一战壕中心术不正者如朱福年之流斗智斗勇，实在是冒了极大的风险，终于做成了他的第一桩销洋庄的生丝生意，赚了十八万两银子。但在清账后知道给参与者分红后自己不赚反赔时，他断然决定即使一两银子不赚，也该分的分，该付的付，决不能亏了朋友。

这分、付之间胡雪岩获得的效益实在是太大了，它不仅使合作伙伴及朋友们看到了在这桩生意的运作中胡雪岩显示出来的足以服众的才能，更让朋友们看到他重朋友情分，可以同患难、共安乐的义气。且不说这桩生意使胡雪岩积累了与洋人打交道的经验，和外商取得了联系并有了初步的沟通，为他后来驰骋十里洋场和外商做军火生意以及借贷外资等，打下了基础。同时，通过这桩生意，他与丝商巨头庞二结成牢固的合作伙伴关系，建立了他在蚕丝经营行当中的地位，为他以后有效地联合同业控制并操纵蚕丝市场创造了必不可少的条件。仅仅从这分、付之间显示出来的重朋友情分的义气，使他得到了如漕帮首领尤五、洋商买办古应春、湖州“户书”郁四等可以真正生死相托的朋友和帮手，其“收益”就实在不可以金钱的价值来衡量。可以说，胡雪岩的所有的大大发迹的大宗生意，都是在他们的帮助下做成的。因此，可以说，在这一笔生意上，胡雪岩的“钱财账”是亏了，而“人情账”却大大地赚了一笔。前者的数目是有限的，后者却能给他带来不尽的机会与钱财。

说到底，处理好钱财账与人情账的关系，也是商场“关系学”中的必有之义。商事活动中，许多时候确实不能仅仅在金钱上算自己的赚赔进出账，仅仅在自己的赚赔进出账上打“小九九”，也许能凭着精细的算计获得一些进益，但却很难有大的成就，相反，有时在钱财的赚赔上洒脱些、大气些，常常会收到意想不到的，而且往往是更大、更长远的效益，给你带来更大的成功。胡雪岩不在乎银钱上的赚赔出入，分、付之下获得如此的效益，让人不能不佩服他的大气和远见。假如他只盯着自己银钱上的进出而一毛不拔或为自己多留一点而一毛分成几段拔，是否最终会得不偿失呢？

而更为难能可贵的是，胡雪岩有着“责人宽，律己严”的胸怀，对待钱财和人情的问题，如果他亏了，他会大量地将其化做人情；但如果亏的是对方，他一定会坚持感情归感情，生意归生意。这也是他的信用的一个重要体现。这样做法，使得生意伙伴之间在利害关系上获得一种相互的约束，因此，它也是一种合作伙伴及朋友间必要的信用保证。

胡雪岩做生意时特别注意这一点。他与庞二合作，做成了第一笔生丝销洋庄的生意，并且在这笔生意的运作过程中，发现了庞二在上海丝行的档手朱福年的“毛病”。胡雪岩不仅收服了朱福年，很好地处理了因为朱福年而在生意过程中发生的问题，且在这些问题的处理过程中显示出自己精明的生意眼光和为人仁厚的品性。庞二在与胡雪岩合作中，对胡雪岩的为人，由了解而至心悦诚服，因此，他想让胡雪岩完全加入自己的生意，帮自己全权照应上海的丝行。庞二想出的办法是由他送胡雪岩股份，算是胡雪岩跟他合伙，这样也就有了老板的身份，可以名正言顺地为他管理上海的生丝生意了。

能够彻底与庞二合伙，就当时的情形而言，当然是胡雪岩求之不得的。但胡雪岩表示他不赞成吃“干股”这一套花样，既然庞二同意让他入股，他就必须拿出现银做股本。他的实力不如庞二，可以只占两成，庞二拿四十万两，他拿十万两，而且还要立个合伙的合同。胡雪岩的想法很明确，感情是感情，生意是生意，不能一概而论搅在一起夹缠不清。因为由于照顾朋友的情分，一时做出慷慨的决定，以后也许后悔而且还有说不出的苦。朋友相交，如果到了这个地步，也就一定不能善始善终，而生意上的合作也不会有好结果。

这样处理这件事情，自然是高明的。从合作的角度，胡雪岩拿出这十万两现银的股本，他与庞二之间订立了合伙的合同，双方也就有了明确的责任和信用关系，而这一种朋友关系之外的责任信用关系，正是他们长期合作的保证。

在实际中，生意伙伴之间也的确需要信用的保证。这种保证当然可以是合作伙伴之间的朋友感情。但生意场上仅有感情是不够的，还需要有感情之外的按规矩来的保证，中国有句老话叫做“亲弟兄，明算账”，说的就是这个道理，而这句话中透出的人们由生活经验而来的智慧，也的确是商场中应该遵循的至理名言。

### ❖ 跟胡雪岩学做事之道

胡雪岩不同凡响之处，在于他能根据不同的事情，不同的条件去区别对待，恰到好处地处理“钱财账”与“人情账”的关系。

## 坚信顾客至上的理念

胡雪岩在自己的经商生涯中发现了许多商业的奥秘，他曾说过这样一席话：冷语伤客六月寒，微笑迎宾数九暖。如果对顾客总是不理不睬的，有时候甚至是恶声恶气，那么，无论你的商品有多好，门面有多漂亮，顾客也不会光顾的。

在当今的商品经济中，顾客起到了控制的作用，因此，不少商家便把顾客看作是企业成本和利润的来源，提出了诸如“顾客至上”等一系列的口号。

其实，胡雪岩在经商期间就已经提出了这些观点。他曾说过，顾客乃商家的养命之源，商号的好与坏，都是由顾客决定的。只有树立顾客至上的理念，才能培养起广大顾客的忠诚度，店铺也才能繁荣兴旺。

胡雪岩在朝廷上是有名的"红顶商人"，他不仅有官场的支持，还有"活财神"的美誉，但他从未以势压人，胡庆余堂也不像其他的药店那样店大欺客，反而是热情待客。在胡庆余堂，只要是学徒，在刚进店的时候，都要学习怎样接客，怎样招呼客人。这些都是胡庆余堂不同于其他药店的地方。

俗话说："商业处处是学问，顾客个个是先生。"胡庆余堂在刚刚开业的时候，胡雪岩头戴花翎、身穿官服，亲自来接待客人。有一次，一个来自湖州的香客在自己的店里买了一盒胡氏辟瘟丹，当他打开一看，脸上立刻露出了不满的神色。恰巧胡雪岩在一旁看到了客人的脸色。当即上前审视药品，表示这个药确实有不合格之处，并一再向客人道歉，并命令店员再换新药。

然而，不巧的是，这天的辟瘟丹刚好卖完，胡雪岩想到客人远道而来，如果再让客人回去，不久又再来取药，这无疑是给客人增加了些许麻烦，便留客人住下，并且向他做出保证：三天之内一定会把新药赶制出来。

两天后，新药赶制出来了，胡雪岩也履行了自己的诺言。他亲自把新药送到湖州香客的房间里。这位湖州香客看到胡雪岩这么认真地对待自己，心里大为感动。回到湖州以后，他逢人便讲胡庆余堂的服务是多么周到，胡老板为人是多么和善。这无疑给胡庆余堂好好地做了一次广告。

胡雪岩认为，对于一个企业来说，唯一应该做的就是承担服务失误所造成的责任，并采取相应的补救措施，及时纠正错误，赢得顾客的二次满意。这对于培养顾客的忠诚度有着至关重要的作用。

为了彰显胡庆余堂"顾客至上"的宗旨，胡庆余堂还专门设置了顾客休息的座椅；在流行病流行的暑热时期，免费为客人提供解暑的药汤和药物；在远近的香客赶到庙里烧香，并且大批涌入杭州城的时候，胡庆余堂便降低药品的价格；如果有急诊病人，哪怕是寒冬也要准时接待。

在某年冬天的一段日子里，杭州城流行气管炎、哮喘等呼吸道疾病，在半夜三更总是有人敲门求医，值夜班的店员一定遵照店规为病人现熬汤药，并且仔仔细细地做好每一步，其细致程度令人称叹。

胡雪岩要求自己的店员把顾客当作活命的源泉和衣食父母，正是因为胡雪岩把顾客摆在了第一的位置，所以胡庆余堂的生意总是很兴隆。

胡雪岩认为要想留住顾客，就应该留住顾客的心，要想留住顾客的心，就必须提供好的服务。胡雪岩认为，顾客花钱购买的不仅仅是药品，还有店铺的服务。这种无形的商品总是会在关键的时刻为自己的店铺加分。在晚清那个商品经济尚未成熟的时期，胡雪岩就已经能够认识到这一点，不能不说他有睿智的头脑和远见的卓识。

在苏州城里有一家店，专门经营南货，叫做“孙春阳”。这家店的开山祖师是孙春阳，原本他是明代的一个读书人，因为屡试不第，于是便对功名死心，开始从商。这家店铺的买卖不同于其他的店铺，其店规非常严格，原料选择精细，拥有两百多年的历史。

在江浙一带的人都讲究饮食的精细，人们大多推崇孙春阳的货色。苏州城自古人口众多，是东南的一大都会。这里的店铺亦比比皆是，然而唯独这家老字号的店铺声名远播，两百多年来，店铺几次易主，但兴隆依旧。这就可以看出其招牌非同一般。

在这家店里，店员各司其事，虽然气氛严肃，但也不失朝气。其经营方式更是特别。在这家店里，你看不到货色，而顾客交易后都会得到一张小票，然后顾客拿着小票直接到后面取货。原来这家店有自己独有的办货方式，那就是按照货物分类，依次摆在后堂。前堂只管交易开票，并不负责发货。因为“孙春阳”货物真实，童叟无欺，所以，全苏州城的百姓都对这家店非常满意。

胡雪岩为了增加对这家店的了解，便亲自到店里买了一些东西，在到柜台交款之后，他希望店里能够派人把他要的东西送到他下榻的客栈，结果店员拒绝了。这家老字号的店铺自恃牌子硬，就说自己的店从未有过为顾客送货的道理，他们也不愿意破坏祖宗留下来的老规矩。

胡雪岩听了店员的解释，便断定“孙春阳”的招牌不会维持太久。胡雪岩认为店是死的，但店规是活的，人是活的。有些事情是不可以改变，但有的事情却需要改变。正所谓变通，不“变”怎么“通”呢？只有变通了，才有可能长久。世间万物都是随着局势的发展而改变，以求得生机。如今的经商环境改变了，这家店还在坚持自己“店大欺客”的规矩，恐怕是不会长久的。

胡雪岩正是看到了顾客的重要性，所以，他才会认为店大欺客的店不会维持太久，只有那些不论怎样都始终坚持为顾客着想的店铺，才会经得住时间和局势的考验，最终永久地存在。胡雪岩的做法，不仅使顾客对胡庆余堂充满信任，而且在顾客的心目中树起一块明亮的金字招牌，为自己招来滚滚财源。

### ❖ 跟胡雪岩学做事之道

顾客乃商家的养命之源，商号的好与坏，都是由顾客决定的。只有树立顾客至上的理念，才能培养起广大顾客的忠诚度，店铺也才能繁荣兴旺。

# 想想自己，也想想别人

胡雪岩有一句名言：在生意场上人要学会“前半夜想想自己，后半夜想想别人”。“想想自己”就是为自己的生意去细心谋划，钱是需要用心去赚的，不然生意就不会红火；“想想别人”就是想想别人的辛苦，别人的难处，有钱大家一起赚，而不是只为自己的利益着想。

在商场上，自己为利着想是应该的，很多人能够做到这一点，细心谋划自己的事业。但是能够做到为别人着想的人则更高一筹，他的事业也会更加兴旺。现在流行一句话“顾客就是上帝”，顾客是商家挣钱的来源，所以不可能不替顾客着想，只要做到想顾客之所想，抓住顾客的心理，为顾客提供他们想要的产品，那么顾客必定会慷慨解囊，钱自然就赚到手了。

但“想想别人”中的“别人”指的不仅仅是我们交易的对象——顾客，更指的是我们竞争或者合作的对象。在竞争中，知己知彼百战百胜，了解了对手的想法，那么就可以在竞争中时时处于先机，掌握主动权，从而战胜对手。在合作中，讲的是共同盈利，好处共享，只有在为自己打算的同时，为合作者的利益着想，才能得到对方的信任和尊重，对方信任你了才会尽心尽力帮助你，双方也才能合作愉快，达到共同盈利的目的。胡雪岩的这句名言可以说是他人际关系良好，做生意成功的一个法宝。

胡雪岩义名在外，为人厚道，杭州城内无论官民都愿意把自己的钱存到胡雪岩的阜康钱庄，使得胡雪岩的阜康钱庄一开业就显出一派兴旺景象，胡雪岩又知人善任请了一个叫刘庆生的得力手下为他打理内务，自己就抽出身来帮王有龄的忙。

王有龄因为得到胡雪岩的帮助，顺利地解决了漕米解运的老大难问题，博得了上下的一致好评，也替巡抚大人去了一块心病。巡抚大人为此允诺为王有龄请功。王有龄自然喜不自禁，谁知一等再等，却不见有什么消息，心中虽然着急却又不好开口向巡抚大人问及此事。

王有龄在百思不得其解的情况下去找胡雪岩一起商量此事。胡雪岩立刻去找巡抚大人身边的一位何姓师父，通过他了解了这位巡抚大人的真实想法。

原来这位巡抚大人黄宗汉为人十分贪婪、刻毒，虽然王有龄办事得力，但想要外放肥缺，不给那位巡抚黄大人一点好处，这件事恐怕只能成为无果之花。

胡雪岩掌握了巡抚大人的这一爱好就对症下药，主动以王有龄的名义给黄宗汉家里送两万两银子，果然是有钱能使鬼推磨，没几天王有龄便得以外放湖州知府，而且同时兼任原海运局坐办一职。

江浙本就是全国有名的富庶之地，而这湖州更是江浙中最富的地方，到这里做知府无疑是个大大的美差，王有龄真可谓是“钱”途无量了。

王有龄在四月下旬接到任官派令，身边左右人等无不劝他，速速赶在五月初一接任视事。之所以会有这等建议，理由很简单：尽早上任，尽早搂到端午节“节敬”。

清代吏制昏暗，红包回扣、孝敬贿赂乃是公然为之，蔚为风气。风气所及，冬天有“炭敬”，夏天有“冰敬”，一年三节另外还有额外收入，称为“节敬”。浙江省本来就是江南膏腴之地，而湖州府更是膏腴中的膏腴，各种孝敬自然不在少数，这就是王有龄左右手下各路聪明才智之士无不劝他赶快上路的真正原因。

王有龄想听听胡雪岩对此有什么看法，胡雪岩说道：“银钱有用完的一天，朋友交情却是得罪了就没得救了！”他劝王有龄等到端午节之后，再走马上任。

俗话说："话，不要说死；路，不要走绝。"胡雪岩之所以这样建议是有多方面考虑的，王有龄不是湖州第一任知府，在他之前还有前任，别人在湖州府知府衙门混了那么久，就指望着端午节敬，王有龄虽可名正言顺地抢在头里接事，抢前任的节敬，可是，这么一来，无形中就和前任结下积怨，暂时可能会相安无事，但这个不稳定因素保不准什么时候就会发作。要是将来在关键时刻发作，墙倒众人推，落井下石，那可就划不来了。

可见，好处不能占绝，干事情不能吃干抹净，一点后路都不留给别人。人家前任知府虽被扫地出门，但你新官上任之际，总得替人家想想，送对方一顿"节敬"，自己又没损失什么，还赚了对方一个人情，自会让别人对你感激不尽。看来胡雪岩深谙此道。

王有龄春风得意，做了湖州的知府，同时还兼管乌程县和海运局，纵使有三头六臂，也感觉力不从心。此时，胡雪岩想走捐官的路子，只弄到了身份，还没有具体的职务。王有龄想把杭州城里的海运局让出来，委任胡雪岩为海运局委员，相当于王有龄在海运局的代理人。

在一般人看来，这无疑是个一箭双雕的好办法。胡雪岩却认为不可。他的道理很简单，但一般人就是办不到，个中关键，在于胡雪岩能够退一步为别人着想。胡雪岩对王有龄说，海运局里有个周委员，资格老、辈分高，人家苦等这个职位已经很久，原地踏步了多少年，终于有了升官的机会，我又怎么可以不顾周委员，去当这个代理呢？这从道义上根本说不过去。果不其然，好心终有好报，周代理当代理后，凡事都与胡雪岩商量，这就等于还是胡雪岩做幕后代理，权力仍然掌握在他手中。

正是因为胡雪岩有了这个仗义的举动，等于有王有龄、周委员两个人在海运局替他抬轿子，要是直接委以胡雪岩代理职务，那就等于为他树立了一个潜在的敌人。

胡雪岩在这件事中把"想想别人"发挥到了极致，可以说他是一个人情练达，十分通晓人情世故的一个人。做事多想想别人，在无意中就会有一种美丽的收获。就像我们去坐车去某一个地方，如果只想着目的地，而对沿路的风景不屑一顾，那么这趟旅行便少了很多乐趣。

### ❖ 跟胡雪岩学做事之道

在生意路上，有时就像是一趟旅行，旅行中我们会遇到很多人，多为别人想想，那么一路上我们就会多几个忠实的生意伙伴！

## 双输不如双赢

有时候，看似不可调和的矛盾，以一个“和”字当头，天大的难题也能迎刃而解。当然，和不是嘴上说说而已，还得拿出诚意。

胡雪岩经商做生意非常善于利用“鱼饵”，这使得他在生意场中屡屡成功。

有一次，王有龄用十余艘大船载着20万石官粮从宁波港出发，准备驶往天津。不料，船队行至上海时，被漕帮用几十艘小舢舨做成的火船给烧了个干净。消息传到海运局，王有龄闻之大惊，赶紧呈请巡抚衙门调查真相，缉拿纵火犯。

可是，十几天过去了，此事仍毫无头绪。王有龄心急如焚。这时胡雪岩匆匆忙忙地赶来了。

“查到什么消息了吗？”王有龄急切地问。

“当然，这是漕帮中的青帮所为。”胡雪岩神色凝重地说，“这事说来话就长了。”

于是，胡雪岩讲述事情的前因后果。

原来，王有龄的海运局砸碎了漕帮的饭碗。自隋炀帝开凿大运河以来，南方产米之地，每年都要运粮北上。千百年来，这种粮运逐渐发展壮大，除运粮米外，也有别的物品，统称为漕运。参与漕运行当的人，包括船家、账房、伙计、船老大诸班人马，以及运河两岸以运输为业的人家，结成了“漕帮”，以互相支援，调节关系，统一行动。

清朝以来，由于政府漕运管理机构视漕运为肥肉，人人染指，使得漕帮日渐衰败。于是，漕帮逐渐帮派组织化，明火执仗或趁月黑风高时，大行抢劫。后来，漕帮又在运河中设卡收税，无视法度，犹如另外一个王国，让朝廷甚为恐慌。太平天国定都南京后，京杭运河经常受战事影响，漕运更为不力。于是有大臣建议，何不改漕运为海运，可既不受战事影响，又可使漕帮势力自然消亡，解决国家的心腹之患。

于是，朝廷成立海运局。此局一开，果然运输比漕运有效力，海运局也因此而大发其财。然而，这对漕帮的人来说，却是火上浇油、雪上加霜。由于朝廷粮米不再由运河北运，这等于夺了漕帮的饭碗，于是许多帮内人员把目光投向了海运局，准备报复。王有龄的运粮船队就这样被烧了。听完胡雪岩的述说，王有龄沮丧地说：“如此说来，那就只有关门，让朝廷下令恢复漕运吗？”

“那也未必。”胡雪岩说，“自古以来，民不与官斗。如今漕帮敢烧毁朝廷粮米，也是被逼无奈。如果朝廷追查下来，只会把漕帮逼上绝路，狗急也会跳墙，更何况，暗箭难防，斗下去只会两败俱伤，不如现在去与青帮讲和，分他们点好处，息事宁人。”

于是，王有龄请胡雪岩亲自出马去和谈。胡雪岩也是当仁不让，准备了一船杭州特产，找到在青帮当小首领的朋友陈三，乘船来到青帮的总部。与首领廖化生见过礼，送上一船杭州土产之后，胡雪岩又从怀中取出一张 10 万两的银票，放在盘上，双手奉献给廖化生。

廖化生瞟了一眼，露出一点喜悦之色说："胡先生，你不带兵，却带来银票，想必是有什么谋划？"

胡雪岩说："前辈，雪岩今日前来，不过是因仰慕漕帮的声威，前来致意罢了。"

廖化生哈哈一笑："胡先生，你真会说笑话，今日的漕帮如西山之落日，哪里比得上海运局的声威！"

胡雪岩说："朝廷法令多改，全然不体谅民生的艰难，而海运局迫于朝廷王法，也不得不照章办事，也是难处多多，哪里还谈得上什么声威！"

廖化生说："我们是民，海运局是官。官既不为民着想，民又何必为官开方便之门呢？"

胡雪岩说："这次王先生的船被烧后，浙江巡抚严令追查真凶，明查暗访，近日拟就一封密函，要呈皇上亲启。"

廖化生敏感地问道："胡先生可知道其中有什么消息？"

胡雪岩目视左右，廖化生会意，挥手退去周围的人说："现在不妨直言。"

胡雪岩一言不发，从怀中掏出一封密函，交给廖化生。廖化生看完密函，脸色变得铁青，原来这正是浙江巡抚上奏朝廷的密函，里面历数漕帮滋扰地方，火烧粮船，目无法纪。信的最后说："漕帮名为货运之帮，实则杀人越货之帮。请圣上痛下决心，将漕帮一举歼灭，方可绝此后患。"

廖化生半晌无言，心想，漕帮虽盛，却如何能同朝廷抗衡，一旦朝廷下旨清剿，只恐怕无数弟兄要为此丧命，想不到几百年的漕帮就要毁于一旦。念及此，廖化生一声长叹："事到如今，也只有与之一拼了。"

胡雪岩说："前辈请宽心，胡某已做了手脚，半路截此密函，朝廷尚不知，如今重要的是赶紧把粮米、船只凑齐，运到天津，以免京中下旨查办。"

廖化生迷惑地说："不知胡兄弟为什么如此相帮？"

胡雪岩说："漕帮兄弟，自古靠水吃水，养家糊口全赖于此。如今朝廷全然不加体恤，另成海运，一个人突然被夺了饭碗，岂能不气？纵有出格之处，官府也应体察下情，岂能发兵一剿了之？况漕帮多少热血男儿，较量下来，不知要死伤多少人！"

"胡兄弟，难得你一片仁厚之心，我廖某真是看走眼了，胡兄弟，请受我一拜！"

廖化生说着起身欲下拜。

胡雪岩赶忙扶住廖化生说："前辈，折煞后生了！晚辈岂敢受此大礼！"

把廖化生扶上座位，胡雪岩又说："如今运河失修，战事频繁，漕运不畅，海道颇见成效，此也是大势所趋，所以皇上才下了圣旨。漕帮弟兄，只有想办法另谋出路，才是长久的良策，否则，一味破坏，只恐逃脱这次，难逃下次啊！"

廖化生说："道理在下如何不知？只是帮内弟兄，只会吃水上饭，别的营生一点儿也不会。"

胡雪岩说："我愿以钱庄出面，放款给前辈作购粮资本，弟兄可摇船到乡间收粮，聚拢出海，海运费用弟兄仍可享其半，如此，不知前辈意下如何？"

廖化生大喜过望说："胡先生真是仁义四海！只是你便少赚钱了，于心实在不安！"

胡雪岩说："人在江湖走，全靠互相支撑，金钱乃是小事。"

这样，胡雪岩不仅化解了漕帮对海运局的仇恨，而且还利用漕帮把粮食生意做到各个乡间。后来，漕帮势力成为胡雪岩海运、漕运的有力保护者，使胡雪岩的生意受益无穷。

本来，胡雪岩背后有朝廷，实力远远强过漕帮，并且，漕帮火烧官船又不占理，胡雪岩大可以让朝廷派兵“剿匪”。但这么一来，却有两个坏处，一是王有龄难逃“办事不力”的罪责，这不是胡雪岩想看到的，他可不希望自己的靠山有什么闪失；二是从此结下了漕帮这个仇家，胡雪岩毕竟是个商人，商人讲究和气生财，而不是斗气。于是他转而为漕帮筹划生计，利用这个“饵”，既解决了漕米北运，还钓到了漕帮这么一个大“朋友”。

### ❖ 跟胡雪岩学做事之道

一个人的力量是有限的，但是通过合作，就可以发挥各自优势，取长补短，这样就可以壮大自己；另外，通过合作，还可以获得更多的朋友，这样，竞争对手就相对少了，为自己营造了一个更广阔的发展空间。

# 第06辑
# 拥有胆识，敢于冒险就会赢得先机

“一旦看准，就大胆行动”已成为成功者的经验之谈。他们认为，事业成功的主要因素便是冒险，必须学会正视冒险的正面意义，并把它视为成功的重要心理条件。很多人的人生往往因冒险而改变，他们汲取冒险的生存智慧，用冒险赢得一切。

# 生意场上敢为人先

“敢为人先”是一种精神，也是一种行动。谁做到敢为人先，那么谁就会赢。

在清政府的海禁被列强的坚船利炮打开之后，胡雪岩敢为人先，第一个与洋人做生意，于是他也成功了。

左宗棠给了胡雪岩四次发财的机会：一是命其负责组建常捷军的装备及粮饷，发了军火财；二是命其帮助建设马尾造船厂，发了技术及设备引进财；三是命其组建上海转运局，操办西征军务所需物资及军械，发了转运财；四是请其引进外资支援收复新疆所需的先进武器，又发了引资财。左宗棠给胡雪岩的这四次发财机会，每一个机会都要与洋人打交道，所以，胡雪岩财富积累的完成，大部分是他敢为人先与洋人做生意得来的。

胡雪岩自己曾说：“我胡某人之有今天，是天时、地利、人和，再加上两个可遇不可求、可一不可再的机会凑成的。”“两个可遇不可求、可一不可再的机会”指的就是海禁大开，可以与洋人做生意，另一个则是胡雪岩碰上了左宗棠。

1840年，鸦片战争爆发，英国与中国签订了中国第一个不平等条约——《南京条约》，列强见有利可图，于是纷纷侵略中国，随之而来的是一系列的不平等条约的签订，打开了中国的海禁。

中国的海禁一打开，洋商纷纷涌入中国，办银行的、修铁路的、卖军火的……各种各样的洋商应有尽有。但是洋商也很喜欢中国的生丝、茶叶、瓷器，因为这些在西方很畅销。

所以，和洋人做这种生意肯定很赚钱，但是当时的中国商人就没有几个能抓住这种商机，一方面是语言不通，另一方面是对洋人产生了两种极端的态度：一种是认为洋人为野蛮人，茹毛饮血，未经开化。另一种是因为洋人的坚船利炮接二连三地让这个做着天朝上国美梦的国家吃了败仗，人们一见到洋人就腿软骨酥，称之为父母大人。这两方面的原因就造成了中国商人不敢与洋人做生意。而胡雪岩却是例外，语言不通，胡雪岩就找到洋商买办古应春，二人一见如故，相约要用好洋场势力，做出一番事业来。同时，胡雪岩从来不会认为洋人是茹毛饮血的野蛮人，也不会一见到他们就腿脚发软，而是平起平坐。这种态度就决定了他能与洋人做成生意。于是，他在与外国人进行的丝、茶以及军火交易中大发其财。

太平天国运动的时候，李鸿章由于依靠洋枪队常胜军的力量连连大捷。郭嵩焘就把法国人日意格介绍给左宗棠，希望左宗棠能建立一只完全用洋枪装备的长捷军。日意格在找左宗棠的途中遇到了胡雪岩，于是把这一消息告诉胡雪岩，而胡雪岩也早已听说，上海的一家钱庄就因为承揽了常胜军的军火生意，赚了好多银子。这极大的诱惑着胡雪岩，于是他极力赞成左宗棠也建立一只长捷军，好从中赚取一笔。而此时的胡雪岩已是左宗棠的亲信了，左宗棠的一切粮饷都交由胡雪岩负责。所以，组建长捷军的军火全部由胡雪岩向洋人购买，而粮饷也全部由他负责。

但做军火是一种大买卖，需要大笔的银子，胡雪岩有做军火生意的机会了，但是却缺少银子，那么怎么才能弄到这比银子呢？胡雪岩首先想到的是向洋人借，但是当时洋人开的洋行都在上海，如果没有凭证，平白无故的洋人也不会借钱。所以就得先在上海开一家钱庄，于是，胡雪岩就派人在上海开了一家阜康钱庄的分店，并请左宗棠题了匾名。一切都办妥当之后，胡雪岩就开始向洋人的洋行借钱了。最后借款成功，于是再向上海的洋人购买常捷军的装备，在这一过程中，胡雪岩狠狠地赚了一笔。

以后左宗棠任闽浙巡抚，大力发展洋务运动，在福建建立船政局，建造轮船。胡雪岩又负责引进技术和设备，因此，他发了技术及设备引进财。等左宗棠任陕甘总督的时候，负责镇压回族人起义，于是在上海组建上海转运局，任胡雪岩为负责人，操办西征军务所需物资及军械，于是，胡雪岩又大发了一笔转运财。

这种种活动，胡雪岩无不要与洋人打交道，通过与洋人做生意，胡雪岩实现了一笔笔财富的积累，最后成就了他的“胡财神”之誉。

生意场上敢为人先，是一种眼光敏锐、大智大勇的表现，这种精明之举在李嘉诚身上也有充分的表现。

### ❖ 跟胡雪岩学做事之道

所谓敢为人先，顾名思义，就是敢于做别人没有做过的事，走前人没有走过的路，体现了勇立时代潮头、善开风气之先、敢于争创一流的胆识魄力。

## 冒险抓住难得机会

很多事情不能逃避，必须坚强面对，要冒风险，但还是在心底存留着那种逃避和找寻安慰的想法。其实，困惑和风险也是欺软怕硬的，你强他就弱，你弱他就强。要时刻记得，最困苦的时候，没有时间去流泪；最危险的时候，没有时间去犹豫。优柔寡断就意味着失败和死亡。

在清廷攻打太平天国初期，胡雪岩在一个偶然的机会提前得知了官票即将发行的消息。一日，刘二爷在路上碰到了钱庄总管刘庆生，他将刘庆生悄悄地拉到僻静之处，从身上掏出一个铁盒子，取出两张银票交给刘庆生。刘庆生入眼便觉得异常，不同于一般的银票。只见那银票是皮纸所制，上面写的是满汉合璧的“户部官票”四字，中间标明“库平足色银二百两”，下面还有几行小字“户部奏行官票，凡属将官票兑换银钱者与银一律，并准按部定章程，搭交官项，伪造者依律治罪。”平素刘庆生见识的银票不算少，但从未见过这种银票。因此，他问刘二爷，得知这银票在京里也是刚通行，听说抚署已经派人前往领取了，市面上不久就会流通；刘庆生将这两张银票揣入怀里，直奔胡雪岩处而去。

胡雪岩命刘庆生将来源钱庄和鸿财钱庄的大东家们请来一同鉴赏，以期弄清其来龙去脉。来源钱庄的大东家孙胖子，反反复复地端详，然后放下银票说：“我隐约听说，京里要发行新官票，没想到已经出来了，上面做事也够快的了。”

“这种官票不知道发行了多少，说的虽然是‘属将官票更换银钱者，与银一律’，但如果这种官票太多，现银不足，那咱们钱庄岂不要蒙受损失了吗？搞得不好，会招致灭顶之灾啊！”鸿财的一位大东家摇摇头，忧虑地说道。

善于察言观色的刘庆生此时将目光射向了胡雪岩。胡雪岩此时却是满脸沉思之色。

客人走后，当刘庆生问起胡雪岩的意见时，胡雪岩摇了摇了头，又仔细看了看银票，说：“乱世出英雄。越是乱的时候，才越有机会。有其弊必有其利，最关键的是，我们随时都要抓住利的一面，就会永赚不赔。这就好比做米生意，跌得差不多时，就买进；涨得差不多时，就卖出。卖米是这样，做钱生意更是如此。你明白了吗？”

刘庆生也是聪明之人，听了胡雪岩的这番话，觉得颇有道理，自觉获益匪浅。但是要掌握好跌涨的趋势，这就要靠自己独到的眼光了，这眼光岂是每个人都具有的。它又从何而来呢？

刘庆生把自己心中的疑问提出来向胡雪岩请教。胡雪岩就此提出了他认为官票可行的几点依据：首先，京里发放这种官票，只不过是想聚敛银两，充实军饷，以对付太平军。其次，他认为太平军胜则骄，败则馁，不识人心，甘于守城，必不能成大器。现官兵得西洋利器相助，左、曾二位大人又带兵有方，故太平军必败无疑。只要官军镇压了太平天国起义，朝廷必将感激。到时候，无论做什么生意，朝廷必将一路放行，这哪有不发的道理？

由此，胡雪岩作了一段精辟的论述：记住，做生意就要将目光放远，生意做得越大，目光就要放得越远，不要怕投资过大。只要能用到刀刃上，投资都会起到事半功倍的效果。因此做大生意的眼光，一定要看大局，你的眼光看得到一省，就能做下一省的生意；看得到一国，就能做下一国的生意；看得到国外，就能做下国外的生意；看得到天下，就能做天下的生意。

胡雪岩的这番高屋建瓴的话语是刘庆生闻所未闻的，但再联想到胡雪岩在王有龄身上"投资"一事，不由得大为钦佩，暗自赞叹。

两天后，杭州钱业公司召集同行开会，商讨如何处理上头交下来的20万两"户部官票"。刘庆生作为胡雪岩的代理人，在召集会上复述了胡雪岩关于"户部官票"的观点，并率先认销了2万两官票。其它钱业同行也踊跃认销，结果20万两的"户部官票"很快被认购完了。在兵荒马乱的年月，钱业还出现此种景象，许多人对阜康钱庄很是佩服。自此，"阜康"这块招牌，不但在同行之间，而且在朝廷里，也立刻响亮起来，经过阜康钱庄转兑、私蓄的朝廷官员也越来越多。

胡雪岩之所以在做生意中能有"刀头上舔血"的勇气，首先源于他对时势、对商情的充分了解。这种勇气不是莽撞的一时冲动，而是经过深思熟虑作出的最后决定，所以他才能在各个机会来临时有惊无险，并稳赚巨额利润。

商场处处有风险，不敢承担风险，唯唯诺诺，是不会成大气候的，要想出人头地、称雄一方就必须具备大气魄、大胆识和果断的豪情。

风险越大利润越高，在当今激荡、迅捷的社会变革中，在瞬息万变的市场上，稍纵即逝的机遇并不是每个人都能遇到并敢于尝试的，以静制动的保守观念使人无法借此领略风骚，铤而走险已频繁出现在那些光彩照人的创业者身影中，冒险精神已成为这个新时代中最畅销的口头禅，最有激励性的口号，最宝贵的财富。

### ❖ 跟胡雪岩学做事之道

在商场上，总是经历无数的选择，每一个决定人生去向的转折点，都有着很大的风险。虽然眼前可能有几条路，可选择哪一条都是一种冒险，一种尝试。如果选择原地不动，就等于放弃，等于失败。只有敢于冒险，才会有较大的收获。

## 冒大风险，创大机会

众所周知，在商场中投资，风险越小获得利润也会越小，风险越大获得的利润也会越丰厚。很多投资家为了获得丰厚的利润，甘愿冒着比别人都大的风险，可以说成功的投机家大多也是风险家。胡雪岩就是那种为了获利甘愿冒风险的人。

了获取大收益，有时必须冒大风险。大赌注可能意味着大输，也可能是大赢。

胡雪岩在湖州做生意时，与洪帮势力的诚心结交，是其经营生涯中极为精彩的一笔。

这一年，王有龄补了湖州知府的实缺，要去湖州府上任。胡雪岩暗暗叫好，他早就有心要在湖州地面做生丝生意，但苦于无从下手。王有龄赴任湖州，自大一方，令行禁止，自己做丝生意谁敢不从？

想到就做，当夜，胡雪岩同王有龄在舱里促膝长谈，提出了自己的设想。王有龄不懂经营生意，但会用人，他相信胡雪岩具有经济天赋，只要放手去干，必会大发利市。自然言听计从，支持他在湖州开办丝行。

当王有龄在湖州府衙大堂坐定时，胡雪岩的丝行也在湖州城开张了。他原以为凭借知府大人的权势，湖州百姓自会源源不断将生丝送到丝行来。但开张几月，门可罗雀，眼见同业丝行生意兴隆，自己却无丝可收。胡雪岩猜测其中定有蹊跷，于是派了一个贴心伙计四处打听，到底是谁从中作祟？没过几日，小伙计满载而归，把打探所得告诉胡雪岩。湖州的丝行，统归“顺生堂”调遣。“顺生堂”虽是民间会社，来历却非同一般，他是官不敢惹、百姓惧怕的黑社会。

湖州盛产生丝，每到收丝季节，顺生堂派出人员，保护商道安全，维护丝行秩序。丝行同业按一定比例缴纳保护费，大家相安无事，各不侵犯。胡雪岩贸然开设丝行，触犯了顺生堂的利益。顺生堂慑于知府权势，并不公开同他作对，暗地里却传令养蚕人家，不得卖丝与胡雪岩。顺生堂的命令，在湖州百姓心目中有如圣旨，违抗不得。若有违反，便是违犯了洪门家法，轻则棍打、挂铁牌，重则活埋、凌迟、三刀六洞。

胡雪岩了解到上述情况，暗暗责备自己粗心大意，竟忘了江湖弟兄们的存在。有道是到了乡门，先拜土地，顺生堂便是湖州的土地神，没有它的首肯，胡雪岩一个子儿也休想拿走。

胡雪岩备下了厚礼，去顺生堂拜见堂主尹大麻子。

尹大麻子好勇斗狠，武艺不凡，性情暴烈倔强。

顺生堂远在湖州郊外，一处僻静园林。四周古柏森森，白鹤飞翔，树木葱茏处挑出飞檐翘角，原是道观改造而成的。

胡雪岩一行来到顺生堂门前时，尹大麻子早已在门外等候，胡雪岩便上前拱手为礼，寒暄道："久闻堂主大名，前来打扰。"哪知尹大麻子冷若冰霜，无动于衷，逼视他良久，忽然开口道："客从何山来？""锦华山。""山上有什么堂？""仁义堂。""堂后有何水？""四海水。""水边有何香？""万福香。"

见胡雪岩对答如流，山名、堂名、水名、香名，丝毫不差。

顺生堂的香堂上，正中设天帝位，上悬"忠义堂"匾额，置三层供桌：上层设羊角哀、左伯桃二人位，中层设梁山宋江位，下层设始祖、五宗、前五祖、中五祖、后五祖、五义、男女军师和先圣贤哲等位，各用红纸、黄纸书写。与青帮香堂不同的是，洪帮讲究一个"义"字，并特别突出。义薄云天，做生意亦要讲义，看来洪门与我有缘。胡雪岩边看边想。

香堂上的用物，都非摆设，有很深的含义。如香炉寓有"反清复明"之意；烛台、七星剑则有"满覆明兴"之意。尺和镜用来衡量门下弟子的行为。这一切外来人很难理解。堂上张挂红灯，其中外层三盏、中层八盏，内层二十一盏，正合"洪"字拆开为"三八二十一"的笔画。

尹大麻子带领胡雪岩看过香堂，小厮在堂下摆上茶具，招呼客人入座。尹大麻子把五个杯子摆成半弧形，将三个杯子倒扣在弧内，意为：权势压顶，鱼死网破。胡雪岩明白他指责自己倚仗知府势力强行收丝，表明不服的意思。胡雪岩将一张银票压在三个杯子下，说明以票致歉，多有得罪。尹大麻子将两个杯子一个朝上，一个朝下，表示湖州地盘狭小，一山难容二虎，双方难以共处。胡雪岩笑笑，将八个杯子合在一起，又用茶壶在另一边倒一摊茶水。明白向尹大麻子建议：我们合作一块儿，共同对付外洋。

尹大麻子眼睛一亮，起身向胡雪岩拱手道："幸得先生指点，几乎坏了大事！”

局外人并不知道他俩摆的茶碗阵内容如何，都对尹大麻子突然拜服感到诧异，惟有胡雪岩颔首微笑，端起茶杯吹拂茶沫，一副心领神会模样。

尹大麻子并不傻，他明知洋人收丝压价，苦于无好搭档合作，垄断生丝市场。所以当胡雪岩主动提出团结一致、对付外洋时，尹大麻子如遇知音，脑中一亮，立刻放下架子，向胡雪岩致歉认输。以胡雪岩的财力，加上知府为后台，顺生堂若和他携手，该是多么理想。一旦垄断可行，顺生堂的财源将如滚滚巨流，前景极是诱人。

胡雪岩好生得意，茶壶阵中，他又胜一招。

两人不再打哑谜，摆上酒席，觥筹交错，推杯把盏，煞是亲热。席间，胡雪岩和尹大麻子约定，合伙做蚕丝生意，垄断湖州市场，把洋人挤出湖州。

以后许多年间，湖州洪帮为胡雪岩所用，成为打击洋商、垄断丝行的得力助手。

作为一个商人，能够勇闯帮会堂口，刀架在脖子上而面不改色的风险只有胡雪岩敢冒，所以只有胡雪岩能创造出这样大的机会。胆小之人，总认为做生意只要稳扎稳打即可，不愿意冒任何风险，实际上从心理学角度来讲，这是一种对于未知的强烈畏惧，更是一种不自信的表现。

### ❖ 跟胡雪岩学做事之道

胆小不但误事，还能让对手看出恐惧，趁虚而入，行走于商场亦如逆水行舟，你不前进则被人排挤掉。真正的商人从不放过任何利润。

## 冒险不等于狂赌

现实之中不乏这样的人，喜欢凭着自己一厢情愿的热情设定自己想要的结果，越是聪明、自视甚高的人越容易这样，他们很是自负，总认为凭自己的才干能够驾驭局势的变化，对变化动态却不甚关注。他们看到机会时，往往会不由自主地倾向于有利的一面，凭着头脑的热度来衡量盈利与否。他们这不是在冒险，而是在赌。胡雪岩久历商场，深知商场中的变幻莫测并不会偏向某一个人，这种变幻也决不是谁能左右得了的。因而，他始终信奉一句话，不赌为赢。

不赌为赢的心理尤其要注重在日常小事中锻炼，只有这种心理素质随着小事的积累而逐渐提高时，才能抵抗重大诱惑的引诱，做出理智的选择。

胡雪岩说过，凡事不可以赌，总要有个退路。即使出了事，也能够在台面上说得过去……我们的生意，不管是啥，都是这个宗旨，万一失手，有话好说，这样子，别人能够原谅你，你还有从头再来的机会，虽败不倒！

在历史上，为自己留下预留退路的典范就是战国时期的孟尝君“狡兔三窟”的例子。在生意场上也是如此，生意场上瞬息万变，许多事情都难以预料，再有本事、实力再强的人，都不敢说自己做生意从不会失手。生意场上几乎没有生意是可以不冒任何风险的，获利多少与所冒风险的大小成正比，生意规模越大，获利越大，风险也就越大。

承担着风险，就要做好“万一出事”的思想准备，因此，一桩生意投入运作之前，要想着为自己留下退路。

胡雪岩在他的生意由创业而至鼎盛的过程中，每桩生意的运作，就都既敢于冒险，也特别谨慎地注意为自己留“后路”。

比如钱庄生意主要是通过兑进兑出来赚钱。兑进，自然是吸收存款以作资本，而兑出则是放款。兑出是赚借贷人的利息，自然是利息越高越好，兑进要付出利息，自然是越低越好，最好是不要利息。表面看来这种生意只要把握好时机，随银价的起落浮动调整好兑进兑出的利率，就可以稳稳当当坐收渔利。这种将本求利、平平淡淡的运作方式当然也可以，但终归不是做钱庄生意的“大手笔”。而要做出“大手笔”，兑进兑出都会有风险。

从兑出说，放出的款要高利收回，就要找大主顾。大主顾做大生意要大本钱，能有大利润也就不在乎借款利率的高低，向这样的主顾放款，自然收回的利也就高。但借贷者的生意获利越大，所担风险也大，款放给他们，自己也要担风险。万一对方生意失手，血本无归，自己放出去的款也就可能无法收回，一笔放款也就等于放“倒”了。比如在朝廷与太平军交战的兵荒马乱年月，米商借款贩运粮食，获利就极大。获利极大，风险也极大，放款给他们就不能不考虑考虑。

从兑进说，当然最好是储户存款不要利息。这种情况不是没有，但有些可以不担太大的风险，比如胡雪岩代理官库，有些则会担很大风险。

那么，怎么样才能放弃赌博的侥幸心理，以理性的头脑冒险呢？它应该是能够在万一出事之后还有部分挽回的余地，也就是一种能让自己东山再起的余地。有这一余地，就可以使自己虽败不倒。用胡雪岩的话说，起码别人可以原谅你。败则败矣，但可以得到别人的原谅，自己“就还有从头再来的机会”。

要有应付最坏打算的方案。也就是当可以预见的险情真的到来的时候，自己不能不有应对的手段而避免举措失当。

冒险与赌博的结果都是有变数的，但两者有本质的区别：冒险的主动权掌握在自己手中，而赌博却是把命运交由别人来支配。

胡雪岩，对每一桩生意的时势、商情都有充分的了解，他在生意风险中总能有“刀头上舔血”的非凡勇气。这种勇气不是凭借一时的冲动，也非鲁莽行事，它是一种决策的深思熟虑。所谓“两利相权从其重，两害相权从其轻”。所以，胡雪岩才能在各个机会来临时勇敢地把握住，并能稳赚巨额利润。

用胡雪岩的话说，也就是“不冒风险的生意人人会做，如何能够出头”？从某种程度上说，凡是能够带来滚滚财源的机会都会包含有风险的因素。如胡雪岩要学山西票号借款给那些调补升迁的官员，表面看来似乎没有什么风险，而事实上仍然担着风险。对于这些新上任的官，有可能会在途中或上任不久而遇难，比如病死、丢官、死于兵荒马乱之中，那借出去的钱也就血本无归了。

### ❖ 跟胡雪岩学做事之道

做一件事情，需要你承担很大的风险，甚至有遭遇“翻船”落水的危险，可能还要赔上老本，即使手段再高明的商人也得好好思量思量。所以，生意场上要有冒险的精神，但不可有赌徒似的莽撞之举。如此才能掌握胜机。

# 要冒险更要有退路

凡事力气不可使尽，要懂得为自己留下后路，这样不管出现什么样的情况都有回旋的余地，如果用尽了或者太过了的话，就只有吃亏的份了。做生意也是一样的，在任何时候任何情况下都应该时时注意给自己留下退路，这是一个高明的商人在每一次出击之前都必须深思熟虑的问题。我们说不怕一万，只怕万一，要是万一出事了，怎么办呢？要是加之没有后路的话，那就只能坐以待毙了。

胡雪岩的生意之所以能有那样大的成就，就是因为他敢于冒险，他每一次抓住的机会和风险是并存的，在那样的高风险下，他每一次都能化险为夷，大获成功。这一方面和他自己的能力以及他会用人有关，但另一方面也是因为他每一次行动都为自己留有后路，所以他才敢放手一搏，这一搏往往就成功了。

就像贷款给那些米商一样，胡雪岩在贷款之前都会弄清楚，这些米商会将米运往哪里？如果要是运到官军占领的地方，途中较为安全，生意风险小，可以放款给他。但要是运到有太平军的地方去，途中险恶，风险极大，就不能放款给他。这就是为自己的钱庄发展着想，留下退路。因为钱庄贷款让米商运米到官军占领的地方，万一放倒，别人可以原谅，自己不至于名利两失，还有东山再起的机会。而如果放款让米商将米运到有太平军的地方，万一放倒，别人会说你帮太平军，吃“倒账”活该，那也就将自己逼上了绝路，永无翻身之日了。

在吸收太平军将士的存款方面，胡雪岩是冒了很大风险的，因为吸收太平军将士的财产，是一件很严重的事，所以在吸收他们的财产之前不得不想好应对之策，为自己留下退路。就是一旦泄露消息，官府追查，自己也有话可以推脱："他来存款时隐匿了身份，头上又没有'我是太平军'的标志，我哪里知道他是逃亡兵将？"这样一来至少可以为自己洗脱助纣为虐的罪名，不至于走上连坐治罪的绝路。

胡雪岩的做法，在当时肯定是违反法律的，并且他的说法也有诡辩的成分。但是我们不能不佩服他灵活的头脑和不凡的胆识。正是这种事事留下后路的做法，使胡雪岩的事业在面对一次次风险时都能化险为夷，使他一步步走向巅峰。

### ❖ 跟胡雪岩学做事之道

事情只要有后路，哪怕失败了也能从头再来。在做事的时候就能全身心的投入，不会有瞻前顾后的想法了。但是话又说回来，不能因为有后路，所以就事事乱来，那也是不行的。

# 第07辑

# 圆融变通，圆活处世才能游刃于商场

世事往往是瞬息万变的，各种力量和因素均会发挥出不同的作用，错综复杂地影响着事情的发展，所以在做事中，一招通行天下的办法就是能学会圆活。胡雪岩深谙“圆活”之道，就是他能审时度势、圆融变通、全盘把握、灵活应对，才让这位晚清巨贾一生游刃商场。

# 摸清对方的脾气秉性

与人交往，不仅要了解对手的所思所想、禀性、好恶，还要了解他所处的环境及人事关系，这样，才能做到先行一步，棋高一着。

胡雪岩做生意的本事一半在于他嘴上的功夫。别人办不成的事他能办成，因为不管面对什么样的人，他说的话总会让你受用，让你不能不同意他的意见。胡雪岩的诀窍就是摸清对方脾气秉性，以得体的话语或圆融的方法让人舒服。

商量筹借洋款时，胡雪岩给急于借款的陕甘总督左宗棠带来了泰来洋行和汇丰洋行的代表。款子是代理泰来的，但是还需要汇丰出面。左宗棠不解，就问这里边有什么讲究。胡雪岩很会说话："汇丰是洋商的领袖，要它出款子地位更高才容易。这好有一比，好比刘钦差、杨制台筹饷筹不动，只要大人登高一呼，马上万山响应，是一样的道理。"

话经胡雪岩这么一说，左宗棠感到很是受用，往下谈到借款的数目和利息来，就爽快起来。胡雪岩深明左宗棠的脾性，所以左宗棠问到"要不要海关出票"时，胡雪岩响亮地回答："不要！"

原来，洋人借款，为了商业利益，总是要想办法降低风险，避免出现拖欠还款的现象。由于当时中国海关掌握在外国人手中，所以一般借款，总要中国方面出具海关税票，保证借款能如期归还。这回因为是和"胡财神"打交道，信誉好了，自然不必担心出现问题，所以在海关是否出票一节上，也就没有勉强。

虽然是看在"胡财神"的面子上，胡雪岩却不这么讲。左宗棠问是否只要陕甘出票就可以了，胡雪岩回答："是，只凭'陕甘总督部堂'的关防就足够了。”

这一回答使左宗棠连连点头，表示满意，不免感慨道：“唉！陕甘总督的关防，总算也值钱了！”

“事在人为，”胡雪岩接过他的话头说，“陕西甘肃是最穷最苦最偏僻的省份。除了俄国以外，哪怕是久住中国的外国人，也不晓得陕甘在哪里。如今不同了，都晓得陕甘有位左爵爷，洋人敬重大人的威名，连带陕甘总督的关防，比直隶两江还管用。”

这样讲还不过瘾，又要古应春问洋人，如果李鸿章要借洋款，他们要不要直隶总督衙门的印票，回答是：“都说还要关票。”

听得这一句，左宗棠笑逐颜开，他一直自以为勋业过于李鸿章，如今则连办洋务都凌驾其上了。这份得意，自是非同小可。

胡雪岩这么一捧，左宗棠直觉得自己犹若丈八金刚，奇伟无比，对于捧人的胡雪岩，自然也生出极大的好感，对胡的其他活动，也就欣然支持了。胡氏结交左宗棠，这是一个非常重要的手段。

当然，不仅是口头上恭维，胡雪岩还非常注意给左宗棠捧场面。

左宗棠外放两江总督，中途要在上海停留。胡雪岩提前安排古应春回去活动，联络洋人，在左宗棠抵达上海时，上海英、法两租界的工部局，以及各国驻沪海军，都以很隆重的礼节致敬。经过租界时，租界派出巡捕站岗，列队前导，尤其是出吴淞口阅兵时，黄浦江中的各国兵舰，都升起大清朝的黄龙旗，鸣放二百响礼炮，声彻云霄，震动了整个上海，都知道左宗棠到上海来了。这样一来，左宗棠自然喜不自禁，暗中更加欣赏胡雪岩了。

求人办事首先要学会察言观色。别人不高兴的时候，你去求人办事，那肯定没什么戏，说不定还把自己搞得下不来台；当人高兴的时候，你再去求人，说不定难办的事也能办成。察言观色不但要知其表面，还要揣摩其内心的真实意图，这是察言观色的最高境界。

很多有成就的人，都曾经使用过一些巧妙的方法，去判断、洞察他人的性情和能力。他们会对他人在一定环境之下的行为进行细心地观察。这种对细微之处的特别留神，用心之苦，用力之勤，是一般人难以做到或者不愿意去做的。这也是他们比常人容易获得成功的重要原因之一。

**跟胡雪岩学做事之道**

办事，是能力的较量，更是经验和心理素质的较量。有经验和心理素质好的人，在办事的时候，绝对不会贸然出击，一定会认真观察、具体分析，彻底了解对方，做到心中有数。

## 藏起锋芒不招人妒

做生意要善于藏住念头，等待时机，然后再适时出手。胡雪岩的意思很明白，就是做事要不落痕迹，不自招妒忌。

商场上确实应该注意尽量不要招嫉。被人嫉妒，会在自己与同行之间造成一种无形的隔阂，生意上携手合作的可能性就会大打折扣。特别是自我招摇，自招妒忌，还容易使自己在同行同业中处于孤立地位，甚至还有可能使同行联起手来与你作对。这样，你也就会感到处处掣肘，要想获成功，也就难上加难了。

自古以来“同行相妒”，而妒嫉的力量是很可怕的，人行走商场，最怕非议，最怕树敌，因此还是谨小慎微比较可靠。胡雪岩对这一点深有感触，无论在他的兴盛期还是末路时期，他都非常注意自身的举动，避免锋芒太露，因别人的嫉妒而受敌。

胡雪岩要筹办自己的钱庄，实际上他还身无分文。不过他已经筹划好了资金的来源，即以王有龄为官场靠山，凭他们的交情承办代理打点道库、县库的过往银两。代理道库、县库，可以用公库的银子来做钱庄的流动资本，而且公家银子不需付利息，这等于是白借本钱。

当然，这样做要有一个条件，那就是王有龄必须得一个署理州、县的实缺。当时王有龄刚刚仕途起步，还只是浙江海运局“坐办”，一来他还不具备真正给胡雪岩提供代理公款的条件，二来他自己也确实需要胡雪岩的全力相助，因此，他不同意胡雪岩立即着手开办钱庄。依王有龄的想法，等他真正在官场立足之后再着手胡雪岩的钱庄也不迟，反正他们的交情本来就不必瞒人，由当时官场通例，他把官库银子给胡雪岩钱庄“代理”，也是极普通的事情，不怕别人说什么。

不过，胡雪岩不这样看。胡雪岩认为正因为已经有了代理道库、县库的筹划，所以更应该先立起一个门户来。王有龄此时初露头角，外面还不大有人知道，因而也正是一个机会。倘若一定等到王有龄放了州县得了实缺再来搭架子，那时浙江官、商两界都知道有个王有龄，也都知道王、胡之间的交情，必然容易招人妒嫉。如果有人故意做文章，告上一状，那也就太被动了。

应该知道，由自招妒嫉而树敌，这“敌”比通常意义上的“敌”还可怕，因为他常常隐在暗处，难以对付，表面上和你一团和气，暗地里却就是因为嫉妒你而给你下“绊子”，让你知道有对手却不知道对手在哪里，等你找到对手之后，也许你精心筹划开创的事业已经付之东流了。

所以，胡雪岩对于藏起锋芒不招人妒的想法是：第一，不要在同行中锋芒太露；第二，不能总想着自己好事占全；第三，时刻注意得饶人时且饶人，以化解可能产生的敌意。总之一句话，做事要尽量不落痕迹。

清朝末叶，西化运动逐渐生根，朝廷特设“总理各国事务衙门”，处理涉外事务。“总理各国事务衙门”，简称“总理衙门”，等于是现在的外交部。不过，总理衙门不管拿主意，算是第二线事务机构，真正与外国官商打交道的第一线衙门有两个，一个是设于天津的直隶总督兼北洋大臣，另一个则是设于南京的两江总督兼南洋大臣。

朝廷派左宗棠到南京，当起南洋大臣。左宗棠目空一切，到南京后就和李鸿章干上了，极力铲除李鸿章在江南地区的势力。李鸿章也不好惹，当然也出计谋倒打左宗棠。两雄相争，先斩对方羽翼。毫无疑问，胡雪岩是左宗棠最大的羽翼，也成了整个北洋系最显著的靶子。各种麻烦不打一处来，胡雪岩十分机警，见招拆招，一一应付。就在这个节骨眼上，胡家正赶上办喜事，他家三小姐要出嫁了。

胡雪岩派他亲信姨太太，带着大笔现银赶到上海，采购钻石珠宝，作为女儿嫁妆。这姨太太很能干，在租界里的一家德国洋行，买到了极为珍贵的一批钻石首饰。

这德国洋行的经理久仰胡雪岩“财神”之名，成交之后，提出不情之请，希望姨太太能同意，把这批钻石首饰在店里陈列一个星期，让店里大做广告，说是本店做成财神胡雪岩女儿出阁嫁妆的生意，以收广告之效。

德国经理这份请求，却让胡雪岩的姨太太颇伤脑筋，她和胡雪岩在上海的死党兄弟古应春商量此事。一方面，现在外面整个北洋系人马都在等机会找胡雪岩麻烦，胡雪岩好歹是朝廷红顶子官，在上海滩这样招摇，很容易落人话柄，说胡雪岩铺张招摇，有碍官箴。所以公开展览首饰并不妥当。可是，要是拒绝对方要求，自然有话传出去，说是胡雪岩现在不比从前了，财力大为缩水了，连嫁女儿都拿不出像样的首饰，否则为什么不敢拿出来展示？要是真有这种传言，对胡雪岩的信用是一大打击，以后做起生意来，场面就要大打折扣。

经过几方面思考，最后姨太太与古应春决定，展览还得展览，不过，既是在德国洋行里，那么，首饰旁的说明，就以英文、德文表示，不准写中文。这种做法，也不失为折中之道。

胡雪岩虽然是富敌王室的东南巨富，有财神之誉，但是，毕竟还是知道忧谗畏讥，尽管有部分实力，还是知道收敛。所以，作为一个商人，一定要懂得不自招妒嫉的道理，像胡雪岩一样，反躬自省，收敛锋芒。

❖ **跟胡雪岩学做事之道**

藏起锋芒不招人妒，也就是说人不要逞强、逞能。人应该量力而行，谨慎行事，给自己留有余地，这样才能进退有序。一个人恃勇行事，往往会过高地估计自己，这样做势必给自己带来被动。

# 脑子活络生意就会活

胡雪岩有一句名言：“天变了，人应变。”“天”即指时势时局之意。“天变了，人应变”，其意是指时势时局变化了，人也应该做出与之相应的改变与调整以顺应时势与时局。

为自己开拓财源，要有精明的生意人的眼光，要能看得准，看得远，同时还要眼界开阔，头脑灵活。所谓眼界开阔，头脑灵活，简单地说，就是不要死守住一个自己熟悉的行当，而要善于在其他行当中发现自己可以开发的财源，说到底，也就是要时刻想着去不断地寻找新的投资方向，不断地扩大自己的投资经营范围。一个生意人如果只能看到自己正在经营的熟悉的行当，最终只会是抱残守缺，连正在经营的行当都不一定经营得好，更不用说为自己广开财源了。

俗话说，深钻细研生意隆，货物畅销利自来。因此，做生意一定要做得活络。做生意要活络，应该有两层意思，一是不要死守一方天地，要能根据具体情况做出灵活反应，二是反应要迅速，想到了就立即着手去做，不要放过任何一个机会。胡雪岩的生意就做得活络，在他驰骋商场一步步走向鼎盛的过程中，他灵活机动，四下出击，真可谓是一步一个点子，一路一趟拳脚，一动一套招式，而招招式式都能为自己点化出一条财路。

胡雪岩为自己的蚕丝生意和帮办王有龄湖州官府的公事，几下湖州，结识了湖州颇有势力的民间把头，现正做着湖州“户房”书办的郁四。胡雪岩凭着他的仗义和识见，也因为他帮助郁四妥善处理了家事，深得郁四敬服，为了报答胡雪岩，郁四做主，为胡雪岩娶了寡居的芙蓉姑娘做“外室”。

芙蓉姑娘的娘家本来也是生意人，祖上开了一家很大的药店，店号“刘敬德堂”。“刘敬德堂”传至芙蓉姑娘父亲一辈时也还有些规模，不曾想她父亲十年前到四川采办药材，舟下三峡时，在新滩遇险船毁人亡。她的叔叔外号“刘不才”，本来就是一介纨绔，极尽挥霍还特别好赌，接下家业不到一年就无法维持，药店连房子带存货都典给了别人，自己落得以告贷为生。不过这刘不才也有一项特别，就是俗话说的“瘦驴不倒架”，还有那么一点顾及脸面的硬气。比如自己潦倒到了极点，却还死活不同意侄女芙蓉给人做“偏房”，芙蓉再嫁，他死活都不想认胡家这门亲戚。再比如潦倒归潦倒，但即使到了告贷无门的地步，他都不肯押出自己手上的几张祖传的秘方，以为只要秘方还在，“家底”就还在，心里还想着有一天再重振家业。

胡雪岩娶了芙蓉姑娘，这位不想认他这门亲戚的刘不才自然也是一个麻烦。不能不管，在一般人看来又确实是没法管。这时胡雪岩可以有两个选择，一是按郁四的想法，送刘不才一笔银子打发了，不再与他发生任何关系，一是按芙蓉的想法，由芙蓉劝说刘不才拿出那几张祖传秘方，胡雪岩帮忙卖它万把银子，让他自己去过活。

胡雪岩却不这样想。他一定要认了这门亲，他要借刘不才开一家自己的药店。这乱世当口，他凭着自己的眼光，一下子就看出药材生意在此时将是一个相当不错的财源。其一，军队行军打仗，转战奔波，一定需要防疫药；其二，大兵过后定有大疫，逃难的人生病之后需要救命药。因此只要货真价实，创下牌子，药店生意就不会有错。而且，开药店还有活人济世行善积德的好名声，容易得到官府的支持，在为自己赚钱的同时，还能为自己挣得好名声，何乐不为？自己不懂这行生意不要紧，刘不才懂，只要能够将他收服，迫使他改掉身上的毛病，就可以当起大用，而且他手上的那几张祖传秘方也正好可以派上用场。这些想妥之后，胡雪岩请郁四帮忙，摆了一桌“认亲”宴，就在这认亲宴上便谈妥了药店开办的地点、规模、资金等事项。

胡雪岩的“胡庆余堂”也就这样立了起来。在其后的几十年中，“胡庆余堂”成为名闻天下的老字号药店，不仅成为胡雪岩的一个稳定财源，也为他挣来了“胡大善人”的好名声，对他的其他生意也带来了极好的影响。

### ❖ 跟胡雪岩学做事之道

生意人不要死守住一个自己熟悉的行当，而要善于在其他行当中发现自己可以开发的财源，说到底，也就是要时刻想着去不断地寻找新的生意，不断地扩大自己的投资经营范围。

## 见什么人说什么话

在生活中，有些人很会说话，和不同的人用不同的方式说话。由于每个人都有自己与众不同的性格，即使是同一需要，同一动机，在不同的人那里，表现方式也有所不同。胡雪岩就是这样的人，他能在不同人的面前说不同的话，把话说到顾客的心坎上。

为了做大宗粮食买卖。他和王有龄找到了松江漕帮的首领尤老五。

胡雪岩侃侃而谈："尤舵主，在下胡雪岩，原在杭州钱庄当过跑街，跑的就是各家商号，如何流通、如何交换、如何把生意做活，让死钱变出更多的活钱。依我之见，你们松江把这么多漕粮积压在仓禀腐烂、发臭……能不能采取变通办法，把这些囤积的漕粮，变成哗哗银子……"

话语一出，一下子就说在了尤五的心坎上。要知道，这时松江漕帮，在几个月来，太平军卡住南京、镇江，运河漕运中断。松江的漕粮无法转运出去，大量囤积此地，造成大批漕工停业。再加上工头从中克扣工饷，打骂漕工，从而激起漕工义愤，风潮不断。尤五已几次受到松江知府衙门的申饬了。

所以，尤五深受困扰，急忙问道："怎么一个变通法，胡相公能否明说？"

胡雪岩故意放缓语气："这次，王大人率我们去上海，就是要购买10万斤粮食，火速完成朝廷下达的浙江漕粮的海运任务。很巧，路过松江，看见你们这儿漕粮积压如山。王大人有心想在松江就地采购。既可即从上海港运走，又可解决你们漕帮一时的困难，岂不两全其美？如果有困难，你不要太勉强！"

看看，本来是为了自己赚钱，倒成了帮人家的忙了——就是胡雪岩的聪明之处。因为他知道，这时候的尤老五最需要的是把粮食运出去。就这样，买漕粮的事就这样谈妥了。

胡雪岩的成功，很多地方都得益于他的灵活应变。

所以说，在生意场上，看对象说话才能达到自己的目的，才能顺顺利利地把事情办好。

见什么人说什么话，也就是说，说话时要看对方的身份地位说话，善于根据说话对象的身份地位来选择说话方式；求人办事时，除了要考虑对方的身份以外，还要注意观察对方的性格。对于不同性格的对象，说话时一定要具体分析，区别对待。另外，谈话的话题应该视对方的情形而定。再好的话题，若不符合对方的需要，也就无法引起对方的兴趣。最好是想办法引出彼此共同关心的话题来，聊得投机后，再设法慢慢地把话题引导进自己所要谈论的范围里。这样说话才最有效果。

正如射箭要看靶子，弹琴要看听众，写文章要看读者群，说话更要看听众，为了顺利达到说话的目的和效果，说话时就要有所变通，因人而异了。我们在生意场上会碰见各种各样的人，对不同类型的人说不同的话，才能达到最好的办事儿效果，正所谓“见什么人说什么话，到什么山唱什么歌”。

### ❖ 跟胡雪岩学做事之道

人的心理特点、脾气秉性、语言习惯各不相同，这些因素决定了他们对语言信息的要求是不同的。所以，在生意场上，不能用统一的通用的标准语来交流，要见什么人说什么话，要因人而异，这样才能够打动人。

## 得理也饶人

大多数人不懂得适可而止，原因很简单，他们没有一个具体的目标。大多数人所做的大多都是些小事，要做到适可而止收发自如的心境，必须得在日常的这些小事中修炼自己，要把小事做得有理有节有据。面对胜利不知道如何控制自己，在顺风中只知一味扬帆的人，待到风向一转，他就会被摔出很远，跌得很惨。明慎的人常常注意在小事中炼就自己敏感的触角，他会在变天之前停下来，决不贪图多走一步。

王有龄曾经遇到一件麻烦事，他去拜见巡抚大人，巡抚大人却说有要事在身，不予接见。王有龄自从当上湖州知府以来，与上面的关系可谓做得相当活络，逢年过节，上至巡抚，下至巡抚院守门的，浙江官场各位官员，他都极力打点，竭尽巴结之能事，各方都皆大欢喜，每次到巡抚院，巡抚大人总是马上召见，今日竟把他拒之门外，是何道理？真是咄咄怪事！

王有龄沮丧万分地回到府上，找到胡雪岩共同探讨原因。胡雪岩道："此事必有因，待我去巡抚院打听。"于是起身到巡抚院，找到巡抚手下的何师爷，两人本是老相识，无话不谈。

原来，巡抚黄大人听表亲周道台一面之词，说王有龄所治湖州府今年大收，获得不少银子，但孝敬巡抚大人的银子却不见涨，可见王有龄自以为翅膀硬了，不把大人放在眼里，巡抚听了后，心中很是不快，所以今天给王有龄一些颜色看。这周道台是什么人？他为何要令王有龄为难呢？原来，这周道台并非实缺道台，也是候补道台。是巡抚黄大人的表亲，为人飞扬跋扈，人皆有怨言。黄巡抚也知道他的品性，不敢放他实缺，怕他生事，念及亲情，留在巡抚衙门中做些文案差事。

湖州知府迁走后，周道台极力争补该缺，王有龄使了大量银子，黄巡抚最终还是把该缺给了王有龄。周道台从此便恨上了王有龄，因此常在巡抚面前说王有龄的坏话。

王有龄知道事情缘由后，恐慌不已，今年湖州收成相比往年，不见其好，也不见其坏，所以给巡抚黄大人的礼仪，还是按以前的惯例，哪知会有这种事，竟得罪了巡抚，时时都有被参一本的危险。

对此，胡雪岩却微微一笑，从怀里掏出一只空折子，填上两万两银子的数目，派人送给巡抚黄大人，说是王大人早已替他把银子存入了钱庄，只是没有来得及告诉大人。黄巡抚收到折子后，立刻笑逐颜开，当即派差役请王有龄到巡抚院小饮。此事过后，胡雪岩却闷闷不乐，他担心有周道台这个灾星在黄大人身边，早晚会出事。王有龄何尝不知，只是周道台乃黄大人表亲，打狗还得看主人，如果真要动他，恐怕还真不容易。胡雪岩想来想去，连夜写了一封信，附上千两银票，派人送给何师爷，何师爷半夜跑过来，在密室内同胡雪岩谈了一阵，然后告辞而去。

第二天一早，胡雪岩便去找王有龄，告诉他周道台近日正与洋人做生意，这不是一般的生意，而是军火生意，做这种生意原本也没什么，只是周道台犯了大忌。

原来，太平天国兴起之后，各省纷纷办洋务，大造战舰，特别是沿海诸省。浙江财政空虚，无力建厂造船，于是打算向外国购买炮船，按道理讲，浙江地方购船，本应通知巡抚大人知晓，但浙江藩司与巡抚黄大人有隙，平素貌和神离，各不相让，藩司之所以敢如此，是因军机大臣文煜是他的老师，因此，巡抚黄大人对藩司治下的事一般不大过问，只求相安无事。

然而，这次却事关重大，购买炮舰，花费不下数十万两，从中回扣不下十万两，居然不汇报巡抚，所以藩司也觉心虚，虽然朝中有靠山，但这毕竟是巡抚的治下，于是浙江藩司决定拉拢周道台。一则周道台能言善辩，同洋人交涉是把好手，二则他是黄巡抚的表亲，万一事发，不怕巡抚大人翻脸。

周道台居然也就瞒着巡抚大人答应帮藩司同洋人洽谈，这事本来做得机密，不巧却被何师爷发现了，何师爷知事关重大，也不敢声张，今日见胡雪岩问及，加之他平素对周道台十分看不惯，也就全盘托出了。

王有龄听后大喜，主张原原本本地把此事告诉黄巡抚，让他去处理。

胡雪岩道，此事万万不可，生意人人做，大路朝天，各走半边。如果强要断了别人的财路，得罪的可不是周道台一个人。况且传出去，人家也当我们是告密小人。

两人又商议半晌，最后决定如此如此。这天深夜，周道台正在做好梦，突然被敲门声惊醒。他这几日为跑炮船之事累得要死，半夜被吵，心中很是气愤，打开门一看，依稀却是抚院的何师爷。

何师爷见到周道台，也不说话，从怀里摸出两封信递给他。周道台打开信一看，顿时脸色发白，原来这竟然是两封告他的，信中历数他的恶迹，又特别提到他同洋人购船一事。何师爷告诉他，今天下午，有人从巡抚院外扔进两封信，叫士兵拾到，正好何师爷路过拆开信一看，觉得大事不妙，出于同僚之情，才来通知他的。周道台一听顿时魂飞魄散，连对何师爷感激的话都说不出来。他暗思自己在抚院结怨甚深，一定是什么人听到买船的风声，想趁机报复，如今该怎么办呢？那写信之人必定还会再来报复。心急之下，拉着何师爷的衣袖求他出谋划策给指条明路。

何师爷故作沉吟片刻，这才对他说，巡抚大人所恨者，乃藩司，所以他并不反对买船。如今同洋人已谈好，不买也是不行，如果真要买，这笔银子抚院府中肯定是一时难以凑齐，要解决此事，必要一巨富相资助，日后黄大人问起，且隐瞒同藩司的勾当，就说是他周道台与巨富商议完备，如今呈请巡抚大人过目。

周道台听完，倒吸了一口凉气。他在浙江一带，素无朋友，也不认识什么巨富，此事难办！

何师爷借机又点化他说，惟湖州王有龄能干，又受黄大人器重。其契弟胡雪岩又是江浙大贾，仗义疏财，可以向他求救。一提王有龄，周道台顿时变了脸色，不发一言。

何师爷知道周道台此时的心思，于是又对他陈述其中的利害，听得周道台又惊又怕，想想确实无路可走，于是次日凌晨便来到王有龄府上。王有龄虚席以待，听罢周道台的来意，王有龄沉吟片刻，道：“这件事兄弟我原不该插手，既然周兄有求，我也愿协助，只是所获好处，分文不敢收，周兄若是答应，兄弟立即着手去办。”周道台一听，还以为自己听错了，赶紧声明自己是一片真心。两人推辞半天，周道台无奈只得应允了。于是王有龄到巡抚衙门，对黄巡抚说自己的朋友胡雪岩愿借资给浙江购船，事情可托付周道台办。巡抚一听又有油水可捞，当即应允。周道台见王有龄做事如此厚道大方，自觉形秽。办完购船事宜后，亲自到王府负荆请罪，两人遂成莫逆之交。

胡雪岩并没有把事做绝，他明白，真要把周道台搞倒了，也就把巡抚黄宗汉得罪了。因而，明智的人都信奉这样一句话：在事物抛弃你之前先抛弃它们，不要等到局面不可收的时候，才会想到停止。

❖ 跟胡雪岩学做事之道

“两虎相争，必有一伤。”“损人一千自损八百”，这是中国人常说的话，也直接道出了“硬碰硬”的恶果。所以，中国人提倡得理也要饶人，以退求进。

## 尽量不做得罪人的事

社会是由不同类型的人共同组成的，不同类型的人有着不同的性格。如果你得罪了一个君子，结果无非是一拍两散，各走各的路；如果你得罪了一个小人，则无疑是给自己埋下了一颗定时炸弹，因为小人的脸上是无字的，小人的面目也是难辨的，在一定情况下，小人会不顾一切地在明和暗之间攻击你；如果得罪了同行，那么就意味着为自己堵住了一条去路。所以，就人脉而言，得罪人的事还是少做的好。胡雪岩非常清楚这一点。

当年，蒋益澧率兵将太平军赶出了杭州后，但是，由于缺乏纪律约束，官兵干起了放枪放货、奸淫掳掠的勾当。

胡雪岩看见这样的混乱局面，便决定给蒋益澧10万两银子作为交换条件，让他约束自己的部队不要扰民。

同蒋见面后，胡雪岩问道：“将军的粮台在何处？”

蒋道：“余杭就是浙江的总粮台所在，由左大人掌管；在瓶窑我也有一个小粮台。”

“那么，你的藩库又在哪里呢？”胡雪岩又问。

蒋回答说："现在连藩司衙门都还不知道在不在，又何谈藩库呢？"

胡雪岩说："一省的收支由藩库掌管着，你作为首领，要让它得尽快恢复才是。待藩库的牌子往外一挂，自然会有解款的人来找，不然岂不耽误了库收？"

当时，蒋益澧虽然不知道会有什么人来解款，但觉得胡雪岩的忠告不无道理。蒋是一个武官，打仗在行，理政就不行了。对于如何快速恢复藩库，应该派谁来办理此事，他却感到一片茫然。

于是，胡雪岩帮他将由自己的钱庄来代理公库的好处一一列出，晓之以情，动之以理。听得蒋益澧赞不绝口，随即让胡雪岩由他来办理恢复藩库的事。

谈到最后，胡雪岩偷偷问道："让我们钱庄来代理公库，什么款该付，什么款不该付，还请您给个暗示，以便遵循。"

对于胡雪岩的这句话蒋益澧有些听不懂。他的一名手下赶忙上前解释道："做头领要应付好手下，得用一点策略。手下有时候要粮与饷，心里头明明知道不能给，但又不便直接拒绝，只好批示照发，粮台上也只好照办。结果往往弄得该给的没给，不该给的倒被领了去，粮台上也不好办。胡先生的意思是怕大人为难，先约定个暗号，知道了大人的意思就能想办法去敷衍了。"

蒋益澧这才明白过来。想想自己可不是这样嘛！他自己为这事也没少大伤脑筋，却总是无可奈何，如今好了，"好人"自己做，"坏人"由别人来当，这个方法真是太好了！于是在胡雪岩的建议下，二人约定好了"兑付"的暗号。

通过这件事，让蒋益澧和胡雪岩由冤家成为了朋友，蒋对胡更是佩服得是五体投地。

胡雪岩虽然商人出身、读书不多，但却深谙为官之道。当官难免会得罪人，但狡猾的上司却会把某些得罪人的事交给下属去做。胡雪岩点拨了蒋益澧。

很多时候，与人交往凡事应注重“和”字，尽量避免冲突或矛盾。倘若不小心得罪了人往往容易遭人记恨，一旦有了机会，别人就可能伺机报复。因此，聪明人是从来不去直接得罪人的。

身处当下的社会之中，虽然免不了要与他人产生矛盾和竞争，但凡事都要给自己留有余地。任何一件事情的发生都是有它的前因后果的，处理不当，一旦在人们心里撒下了仇恨的种子，必然会在不知不觉中给你造成很多困难，阻碍你的事业向前发展。

## ❖ 跟胡雪岩学做事之道

作为开始创业的人，想要站得久站得稳，就一定要有容人之心，更要学会把对手变成朋友，不要轻易得罪任何一个人，这样，自己的前进道路上就会少很多障碍。

# 第08辑

# 仁义为重，为富且仁才是事业基础

荀子说：义与利者，人之所两有也。虽尧、舜不能去民之欲利，然而能使其欲利不克其好义也。虽桀、纣亦不能去民之好义，然而能使其好义不胜其欲利也。故义胜利者为治世，利克义者为乱世。上重义则义克利，上重利则利克义。所以，我们做生意、成事业，要把“义”放在第一位。

# 以仁德之心做生意

胡雪岩做生意既善于出奇招，又坚决地稳住根本。他所认为的根本就是服务于世人，以仁德之心做生意。只要这个根本稳住了，任他风吹浪打，大局也就始终控揽在自己手心里。

胡雪岩在他的“胡庆余堂”创业之始，投入运作的第一步，想到的就是做名气。为了做名气，他又以“仁”为本，做了两件事：第一，是多卖乱世当口急需的救命药，对买不起药的人，免费奉送。第二，为军中提供只收成本的捐助型药品，比如“诸葛行军散”之类。他要在极短的时间内，为自己创出一块牌子。胡雪岩这一举措来自一个发生在雍正年间的故事受到的启发。

雍正年间，京城里有一家规模很大的药店。这家药店制药选料特别地道，连雍正皇帝也很相信他们的药，让他们承揽了为宫中“御药房”供应药品的全部生意。有一年恰逢辰戌丑未大比之年，会试在三月里，称为“春闱”。由于前一年是个暖冬，没下多少雪，一开春又气候反常，导致春疫流行。赶考举子病倒很多，有能够坚持的，也多是胃口不开，萎靡不振。古时科场号舍极其狭小，人在里面站起来立不直身子，坐下去伸不直双腿，而且一连三场考试不能出闱，体格稍差就支持不住，何况精神不爽的人？

根据这一年的情况，这家药店抓紧配制了一种专治时气的药散，并托内务大臣奏报雍正皇帝，说是愿意将此药散奉送每一个入闱举子，让他们带入闱中，以备不时之需。雍正皇帝本来就有些为当年会试能否顺利进行担心，有此好事，自然大为嘉许。于是这家药店派专人守在贡院门口，赶考举子入闱之时，不等他们开口，就在他们的考篮里放上一包药散。这些药散的包封纸印得十分考究，上有“奉旨”字样，而且随药包另附一张“方单”，把自己药店有名的丸散膏丹都刻印在上面。

结果，一半是这家药店的药好，一半也是这些赶考举子的运气好，这一年入闱举子中报病号中途出场的，人数大大减少。这一来，出闱的举子，不管中与不中，都上这家药店买药。更重要的，由此一举，也让这些来自各省的举子把这家药店的名声带到各地，使天下十八省，远至云南、贵州，都知道了京城里的这家药店，这家药店的生意一下子就兴隆起来。这家药店只用了少数的一点本钱，就大大地扩大了店铺的名声，不可谓不高明。

胡雪岩同样是开药店，但是他的做法更加复杂而且技高一筹。首先，他是从人道主义、从“仁”字出发的。

在腐败的清王朝的统治之下，社会动荡，百姓常常背井离乡，流离颠沛，因而瘟疫、病患常常是防不胜防。而此类之百姓又常常是贫寒之民，无钱治病。基于此，胡雪岩下令各地钱庄，另设医铺，有钱收钱，无钱白看病，白送药。

那个时候，南京已经被太平军打下，清廷派重兵驻扎南京外围，称为“江南大营”。各路百姓则是颠沛流离，四处奔逃。打仗自有死伤，逃难自有瘟疫，军民两方面都是需药应急，药材生意自然看好。

胡雪岩点子多，马上就心生一计，他的计策是：准备大量应急药材，赠予江南大营，施予逃难黎民。这些药材并不昂贵，也无非是“诸葛行军散”之类的普及性小东西。以今天标准来看，大概也就是风油精、消炎粉、云南白药之类的成药。

而且胡雪岩还同湘军、绿营达成协议，军队只要出本钱，然后由他派人去购买原材料，招集名医，配成金疮药之类，送到营中。左宗棠知道后，感叹道：“胡氏为国之忠，不下于我。”胡雪岩的仁举换来了封疆大吏左宗棠的一句盛赞，而这一句盛赞，对于借助官场势力的商人来说，就更加博得了众人对之的信任与支持。

镇压太平天国之后，天下士子云集应天府，进行科举考试，胡氏又派人送各种药品、补品给这些士子。因为每年考试期间，许多士子由于连夜奔赴，或临阵磨枪，身心都极度疲乏，往往一下子就病倒了。胡氏此举，乃是有因而为，当然，也受到考官、士子们交口称赞，并纷纷托人向胡雪岩致谢。

然而，胡雪岩广施小惠，得到的利益却是不可估量的。

他开药店进行义诊，使得天下人都知道，浙江有个“胡善人”；他为军营送药，曾国藩忍不住夸他，而使他成为忠义之士；他为应考的士子送补品，天下士子都感激他，朝廷也因他的种种举动而赏他二品官衔。就施舍对象而言，不论是清廷官兵，或是逃难百姓，无论如何，总是得到免费药品，对健康总是有所助益；就胡雪岩而言，经由赠送药品，“胡庆余堂”的名声得以远播，声名传开之后，就可以和清军粮台打交道，建立正式的官方销售渠道，把药材卖到军队里去。这样的生意，说实在的，真是一辈子吃不完。胡雪岩这一招，真称得上是“一石二鸟”，既做好事，又做生意。

这些看起来似乎都是出于一种功利的目的，但其实，世界上许多东西都是义利分不清的。作为一个有眼光的商人，应该把这两者很好地结合起来，而不是取其一端，因为无论取哪一端，作为商人，他都不是成功的。

这个道理在现代应该是被许多商人看清了，所以许多大商人往往又是大慈善家，他们捐款，救济孤老，兴办学校，受到社会的好评，他们的商业机构或产品也因之受到更多的认可。所以说，“仁”也是胡氏商法的重要精髓，是胡雪岩从商的大智慧之一。

### ❖ 跟胡雪岩学做事之道

“有慈善心，肯施惠于广大群众”，才能树立起生意人的形象，才能给自己带来较好的利润。因此，可以说，胡雪岩的“仁”是他取财的正道之一。

# 善举与财路相呼应

善，没有纯粹与不纯粹之分，只要事实上达到了善的效果，能让善为自己的生意服务不是一举两得的事吗？产品能否在市场上畅销，要看消费者对它的认知程度。知名度提高了，对产品的销售就会起到带动作用。而能让消费者认可一家企业，莫过于行善举来打动消费者了。

“面带一分善，生意跑勿了。”对于商人来说，要行善举树立形象不但要舍得花钱，而且还要花的是时候，是地方。“花一文钱要能收到十文钱的效果，才是花钱能手。”胡雪岩处于兵荒马乱的年代，更懂得要显名扬声先得施恩布泽的道理。

胡雪岩常说：“做生意赚了钱，要做好事。”他对于行善做好事，是能做就做，而且从来都是不遗余力，决不吝啬。并且都是些有利于平民百姓的很实在的好事。

在胡雪岩的家乡有条钱塘江，古称浙江、渐江、罗刹江和之江，这是浙江省第一大河，也是东南名川，它发源于皖、浙、赣交界处，流入杭州湾，黄山以下干流屯溪至梅城段称新安江，梅城至浦阳江口叫富春江，浦阳江口至澉浦为钱塘江。钱塘江主要支流有兰江、浦阳江、曹娥江。

一百多年以前，杭州湾到萧山西兴的江面宽达十余里。每逢春秋多雨季节，上游水流湍急、飞奔直下，如离弦之箭，加上海潮从鳖子门涌入，形成汹涌澎湃、气势磅礴的“钱江潮”。而急流与海潮相遇又使得钱塘江的水文异常复杂，江中流沙多变，历来为航旅畏途。晚清时，钱江两岸的人们还靠渔舟过江，出门得选个天气晴朗、风平浪静的好日子，有人要渡江，家中亲人都要祭祖求神，祈祷平安。不过，即使是这样，也难保不出风险。

为了解除钱江两岸旅客渡江的困难，胡雪岩捐银10万两，主办钱江义渡，并说："此事不做则罢，做必一劳永逸，至少能受益五十至一百年。"

当时，杭州钱塘江上还没有一座桥梁，浙江绍兴、金华等"上八府"一带的人进入杭城都要从西兴乘渡船，到望江门上岸。而当时的叶仲德药店就设在望江门大街上，所以生意非常兴隆。而胡庆余堂则设在河坊寺大井巷，仅靠杭嘉湖等"下三府"顾客，很少有"上八府"一带的顾客上门。

对一家商号来说，要在竞争中站稳脚跟，天时、地利、人和三方面的因素都要具备，但是，如何才能改变这一"地利"上的劣势呢？

胡雪岩曾亲自到码头上调查过，一位船工冲口而出："要让上八府的人改道进杭城，除非是你把这个码头搬个地方！"言者无意，听者有心，胡雪岩从码头回来，心里亮堂堂的，主意也就拿定了。

他又沿江实地考察，了解到从西兴上船过江，航程大，江上风浪也大，容易出险。胡雪岩选择了三廊庙附近江道较窄之处，决定在这里投资兴建"义渡"，把码头"搬过来"，让"上八府人"改道由鼓楼进城。

码头很快就修起来了，胡雪岩又出资造了几艘大型渡船，不仅可载人，还可以载车和牲畜，而且免费过渡，又快又稳又省钱，上八府的人无不拍手称好。这一来，胡庆余堂在上八府顾客中的知名度提高了。上八府的旅客也改道由鼓楼进城了。胡庆余堂的地理劣势转为优势了，叶仲德堂的生意随着"义渡"的开通迅速冷落。真可谓是"一石三鸟"之举。

当然，胡雪岩开设义渡也是出于与杭城另一家著名药号叶仲堂抢顾客、兜生意的需要。

但是，胡雪岩创设义渡后，临时设有渡船，以便过客待渡，渡船每天开约十余次，一般顾客不取分文，只有干苦力的人来过江时替代船夫服役片刻，由于设义渡是众人受惠之事，即使干苦力的也乐于奉献自己的一份力量。钱江义渡还设有救生船，遇有风高浪急时，渡船停驶，救生船便挂了红旗，巡游江中，若有船遭遇不测，就不避风浪险恶，飞快行驶过去救援。

钱江义渡的开办不仅使胡雪岩的善名不胫而走，而且又便利于“上八府”与“下三府”的联系，客观上促进了商业贸易的发展，对胡雪岩的经商活动也大有裨益。

胡雪岩为了博得名声，如此地散财施善，似乎有些让人不好理解。生意人将本求利，一分钱的用度总是有一分利的回报才是正理，连胡雪岩自己都说：“商人图利，只要划得来，连刀口上的血都敢舔。”而且“千来百来，赔来买卖不来”。散财施善，分文不取，用自己从刀口上“舔”来的血仅仅换来一个“善人”的名声，何苦来哉！如胡雪岩把赚来的钱拿去做好事、善事，实际上为许多生意人所不为。

其实，胡雪岩说做生意赚了钱要做好事，正显示了他超出一般人的见识和眼光。他做好事，无疑有他的行善求名，以名得利的功利目的，比如他自己就说过：“好事不会白做，我是要借此扬名。”胡雪岩做好事，也的确并不是与自己的生意一点联系都没有。胡雪岩扬了名，等于是无形之中扩大了胡庆余堂的市场，此为“以逸待劳”。

从做生意的角度看，生意人有了钱想着去做点助穷济困的好事，其实也是为自己更好地做生意创造条件，比如因为自己的帮穷济困，使一部分陷入饥寒，落入困顿的人得到某种必要的救助，起码起到了一定的安定社会、平静市面的作用，为自己的商务活动的正常开展创造了一个良好的外部条件和环境。

## ❖ 跟胡雪岩学做事之道

胡雪岩常说：“做生意赚了钱，要做好事。”他对于行善做好事，是能做就做，而且从来都是不遗余力，决不吝啬。行善做好事，能赚得人心，这样，做生意就更方便了。

# 富而有德

富与德完全可以和谐地统一在一起。像胡雪岩这样富有的人不多，像胡雪岩这样不计成本地回馈社会，乐善好施的人更少。这是因为胡雪岩把行善作为自己的追求，作为自己做人的根本。

胡雪岩发迹于杭州，对杭州城的一土一木，都极具感情。他花大把银子买了 10 万石白米，筹措 10 万两白银赈济攻城湘军，换取杭州满城百姓的平安，这正是他“富不忘本”的表现，两百年来，中国近代史上还没有第二个类似的例子。

钱财价值，不在于钱财本身，而在于花费、消耗过程所带来的满足感。胡雪岩富而有德，乐善好施，为民造福，追求的正是这种满足感。

连年战争使浙江满目疮痍，为收拾残局，左宗棠在入驻杭州后，选派官绅“设立赈抚局，收养难民，掩埋尸骸，并招商开市”。胡雪岩是左宗棠处理善后所借重的人物，他经理了赈抚局务，设立粥厂、难民局、善堂、义塾、医局，修复名胜寺院，整治崎岖不平的道路，立掩埋局，收殓城乡暴骸数十万具，分葬于岳王庙左里许及净慈寺右数十大冢。

胡雪岩还恢复了因战乱而一度中止的“牛车”。牛车是因水沙而设的一种交通工具。从前，钱塘江水深沙少，船只几乎可以直达萧山西兴。后来，东岸江水涨漫，形成数里水沙，每当潮至，沙土没水，潮退后却又阻淤泥。贫穷妇女没钱雇轿，只好艰难地迈着小步在泥沙中踉跄而行，时常还有陷踝没顶之患。此时，胡雪岩捐资设牛车，迎送旅客于潮汐之中，此举大大便利了百姓。

为了缓解战后财政危机，胡雪岩向官绅大户“劝捐”，如，他曾向段光清劝捐10万两，段推三阻四，结果只捐一万两。段光清的《镜湖自撰年谱》还举了绍兴富户张广川的例子，胡雪岩指使在太平军攻陷绍兴时死去的署绍兴知府廖子成的侄子在湖南递禀，告发廖子成之死是因为张广川集乱民戕害所致。结果，京城来了谕旨，着浙江巡抚查问。行文传到在上海做生意的张广川处，吓得他挽人求情，宁愿捐洋10万元，这才获免。段光清在文后叹道：“胡光墉之遇事倾人，真可畏哉！”

张广川被罚捐是否冤枉，因旁无佐证而无从考释，然而，当时为富不仁的富商豪绅确也不少。还在1862年，左宗棠在一次上疏中就指责浙江富绅杨坊、俞斌、毛象贤等十数人“身拥厚赀，坐视邦族奇荒，并无拯恤之意，且有乘机贱置产业以自肥者。”胡雪岩罚捐，锋芒毕露，少不得要得罪这样一批人，幸得左宗棠明白其中难处，1864年，胡雪岩具禀杭嘉湖捐务情形后，左宗棠对捐务有起色殊感欣慰，并在批札中写道：“罚捐二字，亦须斟酌，如果情罪重大实无可原者，虽黄金十万，安能赎其一命乎！”这对不法富商无疑是当头棒喝，相信他们听了这样的话自个儿心中也会掂量，与其当罪犯，不如多捐钱财，大事化小、小事化了。

除了上述事务，收复杭城后胡雪岩仍代理藩库，各地解省银两非胡经手，省局不收。

胡雪岩为什么要代理藩库？为的是要做牌子。阜康是金字招牌，固然不错；可是只有老杭州才晓得。那时他要吸收一批新的存户，非要另外想个号召的办法不可。代理藩库，就是最好的号召，浙江全省的公款，都信托得过他，还有啥靠不住的？

牌子做出来了，生意自然源源而来。清军攻取浙江后，大小军官将掠得的财物，纷纷存入胡雪岩的钱庄，胡借此从事贸易，设商号于各市镇，每年获利数倍，不过几年，家资已逾千万。

富而有德，乐善好施是历代良贾应有的道德风范，古代就有：“贪吝常歉，好与益多”、“慈能致福，暴足来殃”这类包含着辩证法的商谚，胡雪岩在饶有资财之后，热衷于慈善事业，实在难得。

1871 年，直隶水灾，胡雪岩捐制棉衣 1.5 万件，并捐牛具、籽种、银 1 万两，由于天津一带积水成涝，籽种不全，胡又续捐足制钱 1 万串，以助泄水籽种之需。

1877 年，陕西干旱，饥民急需粮食充饥，胡雪岩初拟捐银 2 万两、白米 1.5 万石装运到汉口再转运入陕，左宗棠考虑到路途遥远，转运艰难，要他改捐银两 3 万两，结果胡雪岩捐实银 5 万两解陕备赈。

此外，胡雪岩还曾捐输江苏沭阳县赈务制钱 3 万串；捐输山东赈银 2 万两、白米 5000 石、制钱 3100 串，劝捐棉衣 3 万件；捐输山西、河南赈银各 1.5 万两。

以上仅是胡雪岩捐输赈灾的荦荦大端，据 1878 年左宗棠上奏朝廷的《胡光墉请予恩济片》根据胡雪岩呈报捐赠各款，估计已达 20 万两白银，这还不包括他捐运西征军的地道药材。

捐赈作为胡雪岩的一大功绩，成了左宗棠为他争取黄马褂的一个重大砝码。胡雪岩用财富赢得了善名，又以善名获取更多的财富，足令今人感佩，引以为鉴。

## ❖ 跟胡雪岩学做事之道

钱财价值，不在于钱财本身，而在于花费、消耗过程所给社会带来的益处。胡雪岩富而有德，乐善好施，不仅为民造福，更为自己赢得了好名声。

# 以仁义之心待人

一个人如果给人以讲信义的面目，那么，即便这个人不会说话，做事拙笨，别人对他的信任却依然不会有丝毫的折扣，而他的信用也会建立起来，他的信义也会很容易得到别人的认可。因而，赢得别人的信任，不在于惊天之举，而在于一颗仁义之心

有一次，英商哈克利与江苏学政何桂清，在贩运一批价值10万两银子的货物时，途经江苏水道被抢。消息传来，何桂清派兵将劫匪围住，随后便把胡雪岩从浙江请去解危。

胡雪岩来到江苏，打听到此事是华山会所为，遂与何桂清商议一番，定下先撤围兵，后化干戈的决策。

江苏抚台的一位弟弟，即将参加乡试，何桂清许诺让他得第三名，这才说动了抚台撤去华山会周围的官兵，改派去增援在南京攻城的湘军，此事做得干净利落，不留任何把柄。

然后，胡雪岩与哈克利商谈，要他设法提供一艘船，将被围的华山会弟兄们运往海外，彻底摆脱清廷的势力。江苏濒临大海，路途不远，这不难办到。哈克利起初不愿合作，胡雪岩对他说："没有我的允许，你休想在中国拿走一枚铜钱！"

哈克利这才同意。安排妥当后，胡雪岩考虑到赎金问题，又暗暗准备了10万两银票，见机行事。然后和廖化生一起来到华山会所在的一个湖心小岛，会见华山会首领刘作斌。刘作斌住在一个窝棚里。刚进门，胡雪岩看见一张香案，上列牌位：亡弟刘西川之灵位。

胡雪岩立刻抢上前去，行磕头礼，极其虔诚。

刘作斌疑惑地问："胡先生与家弟非亲非故，何须行此大礼？"

胡雪岩说："刘会首系洪门中人，胡某为会外弟兄，当以兄弟礼节相待。"

刘作斌遂对胡雪岩大生好感。窝棚里陈设简陋，桌凳全是木墩做成，可见华山会生活困窘。一阵寒暄后，刘作斌问："手下有几百号弟兄，如何能安然出海？"

胡雪岩说："会首不必顾虑，我已安排铁甲机器船，能装千余人。"

"从这里到海边有二百多里，倘若官兵来攻，我们无险可凭，岂不自投罗网、束手就擒？"刘作斌又怀疑。

"胡某愿以脑袋担保，陪弟兄们转移，如遭不测，会首可先拿我开刀，替兄弟们报仇。"胡雪岩斩钉截铁地说。

刘作斌始料未及，怔了一下。廖化生随即补充说："胡先生诚心相待，廖某可以担保，刘兄如果出意外，我们青帮也不好做人。"

刘作斌这才放了心，答应照胡雪岩的安排行事。胡雪岩摸出10万两银票说："有这笔银子，弟兄们支撑一年半载当无问题。"

刘作斌接过银票看了看，眼睛竟有些湿润。于是，窝棚里摆上酒席，菜肴都是河湖中物：红烧甲鱼、清炖野鸭、干煸蛙腿、蘑菇汤，别有一番风味。

这一夜，胡雪岩和廖化生便陪着刘作斌及其几百弟兄乘船向海边驶去。途中一遇到官兵，胡雪岩便递上盖有抚台大印的名帖，安然过关。天破晓时，船队来到海边。海中泊着一艘轮船，挂英国旗。船队划到轮船旁，哈克利迎上前来，便问："我已信守诺言，那船货在什么地方？"

刘作斌说："两天后到上海码头接船，不少分毫。"

胡雪岩对哈克利说："这帮弟兄都是亡命之徒，若有半点差错，船毁人亡。"

哈克利连连点头："不会的，英国政府从不干涉中国的内政，我一定保证他们的安全。"

临别时，胡雪岩拱手向刘作斌道别，刘作斌却摸出那张银票，神色凝重地说："胡先生救了弟兄们，天大恩情终生难报，请收回银票。"

胡雪岩诧异地说："没有这笔钱，你们拿什么谋生？"

"放心，天无绝人之路，金钱事小，义重如山，胡先生再要推辞，我只好扔到大海去，天公作证，刘某对得起朋友。"

"惭愧！惭愧！"胡雪岩只得收下银票，下到小船。轮船一声长鸣，劈波斩浪，渐渐地消失在海天尽头。

"回去吧，胡先生，海上风大，小心着凉。"廖化生关切地说。

胡雪岩这才回过神来，两眼湿漉漉的。三天后，那船货原物归还。

自始至终，胡雪岩对刘作斌抱有一个"义"字，甚至为其亡弟磕头行礼，后以性命作保并护送刘作斌出逃。

胡雪岩用仁义之心，不仅把事漂亮地办好了，还省下了10万两银子。所以，胡雪岩做生意，总会把"义"放在第一位。

### ❖ 跟胡雪岩学做事之道

对朋友要有义气，今日而言，也许很多人未必相信，但纵观那些事业上有成就的大商人，对他们来说，"义"字实在是终身用得着的。

## 为富且仁，乐善好施

作为一代"红顶商人"，胡雪岩叱咤商场，写尽人间风流。更令后人称道的是，他"为富且仁"，乐善好施，做出众多义举，在赢得"胡大善人"的美名、黄马褂加身的同时，亦获得了更多的财富。在他的这些义举中，胡庆余堂药号的开办，尤为后人们所称道。

实际上，任何偶然事件都有其必然性，胡庆余堂的开创与胡雪岩深受杭州悠久的中医文化熏陶，以及身处乱世而兴济世救人之念有着密切的关系。其实，早在1875年由于战乱、疫病等原因，死亡率剧增，人口负增长之时，胡雪岩便已打定救死扶伤的主意。他邀请江浙一带的名医研制出“诸葛行军散”、“八宝红灵丹”等药品，赠给曾国藩、左宗棠等部及受灾民众。胡雪岩在全盛时期开创的胡庆余堂将他救死扶伤的对象范围扩大到全天下所有的百姓。在胡雪岩的主持下，胡庆余堂推出了十四大类成药，并免费赠送辟瘟丹、痧药等民家必备的“太平药”，在《申报》上大做广告，使胡庆余堂在尚未开始营业前就已名声远播，这正是胡雪岩“放长线钓大鱼”的经营策略。1878年春，以上的耗费换来的是成倍的利润。

胡庆余堂在1880年时，资本已经达到280万两银子，与北京的百年老字号同仁堂相辉映，有“北有同仁堂，南有庆余堂”之称。

除了创办胡庆余堂以悬壶济世的义举之外，胡雪岩还为左宗棠的西征举借洋款，为左宗棠成功收复新疆，结束阿古柏在新疆十多年的野蛮统治立下了汗马功劳，又书写了他人生中精彩的一笔。

1866年，左宗棠由闽浙总督调任陕甘总督，奉命出关西征。正所谓“兵马未动，粮草先行”，西征军经费虽然由各省共同筹集，但为数不多，且经常拖欠。为解决经费问题，左宗棠只好奏请借洋款救急。

自然，具体经办借洋款事务这一重任落在了胡雪岩肩上。胡雪岩通过在上海汇丰银行任帮办一职的朋友古应春的安排，打算向英国渣打银行借款。胡雪岩与该银行经理首次面谈便因在利息、借款期限等问题上无法达成一致，不欢而散。后在胡雪岩的精心策划下，自称中国通的渣打银行驻中国地区总经理被收拾得服服帖帖，双方很快就利息、期限、偿还方式等细节达成一致。胡雪岩为西征筹得第一笔借款。

此后，为助左宗棠西征，胡雪岩先后6次向洋人借款，累计金额达1870万两白银，而利息至少占总数的一半，可以说是非常惊人的高利贷。但从当时的情况来看，这一借款举动是值得的。

当然，图利是商人的本性，胡雪岩也无法脱俗，他利用借贷款实付利息与应交利息之间的差额，吃了“回扣”。但总的来说，在当时西征大军欠缺粮晌，各方相互推诿的艰难时刻，胡雪岩能够挺身而出，不辞劳苦担负起筹借洋款的重任，协助左宗棠西征保住新疆，还是表现了他的爱国之情。

虽然，我们常常把“奸”字与“商”字连在一起，甚至更有“无奸不商”一说，但就事实而论，生意场中也有性情中人，胡雪岩算得上其中之一。

胡雪岩极其热心于慈善事业，乐善好施，多次向直隶、陕西、河南、山西等涝旱地区捐款赈灾。

到 1878 年，除了胡雪岩捐运给西征军的药材外，他向各地捐赠的赈灾款估计已达 20 万两白银。更鲜为人知的是，在轰动朝野的杨乃武与小白菜一案中，他利用自己的声誉活动京官，赞助钱财，为此案最终昭雪立下了汗马功劳，并借此案使他的义声善名更加深入人心。

此外，他还两度赴日本，高价购回流失在日本的中国文物。从这一切举动中可见他行侠仗义的仁厚之心和一颗拳拳爱国之心。有一回，他一次就购回七口古钟，后来一口放于西湖岳坟左庑，一口放在湖州铁佛寺内，上面都刻有“胡光墉自日本购归”的字样。寺庙本是人口流动之地，这些古钟作为成功的广告创意，使驻足观赏的人们对胡雪岩其人、其店也都刮目相看。

孙中山在《战国方略》中写道：“物种以竞争为原则，人类则以互助为原则。”为富且仁，乐善好施，是一项“民心工程”，是以自己的善心善举，塑造企业和自身的形象。微软创始人比尔·盖茨就是一个乐善好施者。迄今为止，他已拿出超百亿美元捐赠慈善事业，他已赢得了民心，因而他在评富中年年夺冠，位居世界榜首。香港知名的富人不论是李嘉诚、霍英东，还是邵逸夫，个个都是乐善好施的慈善家，深受人们崇敬。

❖ 跟胡雪岩学做事之道

为富且仁，乐善好施才能保富，因为行善是保富的法宝。胡雪岩叱咤商场，写尽人间风流。更令后人称道的是，他“为富且仁”，乐善好施，做出众多义举，赢得“胡大善人”的美名。

## 生意中人也要行侠仗义

胡雪岩作为一代商人，在商场中纵横捭阖，风云叱咤，但他绝不为富不仁。而是尽力多作善举，多做一些利国利民的事，这也是他深为人们称道的重要所在。胡雪岩乐善好施，行侠仗义，义助杨乃武和小白菜洗刷冤案就是其中最典型的一例。

杨乃武与小白菜案，是清末轰动全国的四大奇案之一，一百多年来，被竞相编成戏剧、电影、电视、小说、曲艺，孰不知，胡雪岩与昭雪解开这场旷世奇冤有着重大的关系。

杨乃武世居余杭县城澄清巷口西首，妻詹彩凤以种桑养蚕、饲养家畜为业，姐姐杨菊贞年轻守寡，常住娘家。杨乃武20岁考取秀才，1873年考中举人。他为人正直，不愿对官吏劣绅阿谀奉承，倒常为小民百姓打抱不平。

余杭县城一家豆腐作坊有个叫葛品连的店伙，长得丑陋愚钝，1872年春天，娶容貌秀丽的毕秀姑为妻。秀姑绿衣白裙，人称“小白菜”，婚后租了杨乃武家的空房一间。秀姑常帮杨家干些家务，杨乃武也教秀姑识字。日子一长，那些本来就嫉恨杨乃武的市井无赖放出杨乃武奸占小白菜的谣言，甚至还贴出“羊（杨）吃白菜”的招贴，葛品连起了疑心。为了避嫌，杨乃武要葛品连夫妇搬出去，葛、毕两人迁到秀姑继父喻敬天表弟王心培家居住。余杭知县刘锡彤的大儿子刘子翰趁机通过县衙女佣以做针线活为名，把秀姑骗去，并以暴力奸污。

1873年11月26日，葛品连流火宿症复发，可他误以为自己体虚，吃了东洋参和桂圆等上火的药品，暴病身亡。十月是小阳春，入殓时，尸体口鼻有淡黑色血水流出，葛母向余杭县控告其媳葛毕氏谋杀亲夫。

县令刘锡彤本来就对杨乃武抱有成见，在仵作草率验尸以后，把“口鼻血水流入两耳”当作是“七孔流血”，把用银针不按规定用皂角水擦洗就以为银针变色、服毒所致等，遂将秀姑收审。消息传出，县太爷家的那个浪荡公子刘子翰惟恐调戏秀姑之事暴露，遂买通一个刁妇混入女监恐吓、欺骗秀姑，加上审讯过程中动了大刑，秀姑熬不住只好屈供与杨乃武早有奸情，合谋杀夫。杨被传讯后，双膝被烧红的火砖烫得焦烂，三上夹棍、三次昏死，但始终没有招供。可恨知县刘锡彤仍以犯妇已供认不讳为由，呈报杭州府。军功出身、一向藐视读书人的杭州知府陈鲁据此滥施刑讯，杨乃武多次跪火砖、跪钉板、上夹棍，昏死过去，终因熬刑不过，而屈认自己从药店买得砒霜交给秀姑药死葛品连。杭州府拟定毕秀姑凌迟（零刀碎割）处死，杨乃武斩首示众，并上报浙江省。巡抚杨昌濬曾亲自审讯，杨乃武、毕秀姑自感木已成舟、难以翻案，仍屈供如前，杨昌濬派候补知县刘锡溶赴余杭密查，但刘既不传亲友近邻细细核实，又收受刘锡彤人参、貂皮等贿赂，回报杨昌濬此案“无枉无滥”，结果，杨昌濬按府拟罪名上报清廷刑部。

杨乃武的姐姐杨菊贞根本不相信弟弟会做夺人之妻、杀人之夫这种伤天害理的事。她探监叫杨乃武亲拟诉状，然后身背“黄榜”，走了两个多月，于1874年7月（同治十三年六月）抵达北京，向都察院（中央最高监察、弹劾机关）投诉。都察院非但没受理此案，还派员将杨菊贞押解回浙，杭州府和浙江省重审时都维持原判。

杨菊贞下定决心，拼死也要为弟弟伸冤，她准备第二次上京告御状。

然而，打官司，且不说需要跋山涉水、艰辛备尝，单是那费用也叫人忧心忡忡。由于前几次官司已花去了许多诉讼、盘缠等费，杨乃武家十多亩桑田已经变卖完了，家中只有杨妻和杨姐两个妇道人家，加上杨乃武10岁的儿子荣绪。有理无钱寸步难行，正当杨菊贞一筹莫展的时候，对杨乃武小白菜案持同情态度的胡雪岩慷慨解囊，赠送杨菊贞200两银子，这笔银两成了杨菊贞二告御状的救急钱。

为了争取京官们对杨乃武一案的同情，唤起他们扶正祛邪的良知，胡雪岩还专门拜访了回杭州老家办理丧事的翰林院编修夏同善，向他诉说杨乃武、小白菜的冤情，要求他回京后寻找适当的机会向同僚进言，帮助重审此案。

杨乃武、小白菜一案发生之时，胡雪岩已有道员兼布政使衔，并担任上海转运局委员，有财有势。这样一位人物的介入使杨乃武小白菜案有了转机。1874年（同治十三年）农历九月，杨菊贞陪同杨乃武之妻詹彩凤、杨乃武之子荣绪与姚贤瑞，经过一个多月的长途跋涉再次来到北京。她们首先拜见了夏同善，送上其弟夏缙川的书信及控诉状，经夏同善介绍，又遍访了在京的浙江籍大小官员三十余人，接着又向步军统领衙门、刑部、都察院投诉。

夏同善不忘胡雪岩之托，多次访问大学士、户部尚书、都察院左都御史翁同龢，恳求他去刑部查阅浙江审理该案的全部卷宗。后在翁同龢与刑部分管浙江司刑狱的林文忠（林则徐第五子）的共同努力下，慈禧、慈安两宫皇太后亲下谕旨，重理此案。但由于办案人员一拖再拖，案子悬而未决，慈禧太后指派正在浙江考选遗才的浙江学政胡瑞澜，以钦差大臣的身份赴杭复审。科班出身、不懂刑狱的胡瑞澜滥施酷刑，杨乃武双腿被夹断，仍不肯招供，毕秀姑手指尽折、上衣被剥、开水浇身，烧红的铜丝穿入双乳，再次诬服。直到1875年（光绪元年）给事中边宝泉上奏异议，夏同善等浙籍京官联名上书，奏明此案不明，只恐浙江将无人肯读书上进了，一致要求提京复查。清廷下旨刑部，于1876年（光绪二年）底，将葛品连棺木移往京师，当众开棺验明死者实系病亡，至此，这一历时三年多的大案才真相大白。杨昌浚以下的审办官员都受到处分，杨乃武和毕秀姑出狱。杨回杭后叩谢了患难相助的胡雪岩，回乡后以种桑养蚕为业，因妻子詹彩凤双目失明、姐姐杨翠贞积劳成疾病故，他一人承担了家庭重负，直到1914年病故。那毕秀姑后来到县城南门外“准提庵”削发为尼，1930年去世。

杨乃武、小白菜案轰动朝野，胡雪岩以自己特殊的声望赞助钱财、运动京官，为争取重审此案并最终昭雪起了不可低估的作用，毋庸置疑，随着此案的广泛流传，胡雪岩的义声善名更加深入人心了。

一个跨国公司的总裁曾如此说道：“我们可以不要广告部，但却不能不要慈善事业。广告让人们觉得想赚他们的钱，但慈善事业却使他们丢失了防备心理而不自觉地接受我们。”

### ❖ 跟胡雪岩学做事之道

确实，人们在情感上更需要新的支柱，不是利益，而是对他人的关心，对社会的责任感，作为商人，应从这些道理中去寻觅投资方向，寻求公众支持，获取利益，才是有所发展，大有前途的。

# 第09辑

# 把握商机，抓住机会就会成功在即

俗话说：“机会是成功的前提。”所以，做生意的关键在于你会不会抓住属于自己的成功机会。你不妨回头看看胡雪岩，他的成功都脱不开“机会”二字。所以，我们在没有机会的时候，要想办法寻找机会，只要一看到机会，就以最大的努力抓住机遇，利用机遇。

# 在变化中寻求机遇

胡雪岩常常称自己是一个只知道“在铜钱眼里翻跟头”的商人。他的精明也的确使他能用十万两银子就能做成一百万两的生意来。因为他懂得抓住商机，懂得随机应变，能够看到别人看不到的商机，做出别人做不到的招式来。

胡雪岩开始做生丝买卖时，手中的资本并不是很多，但是凭着灵活的手段竟然靠着不多的本钱也成功了。在得知王有龄将到湖州就任知府后，胡雪岩跟着也把生意做到了湖州，在湖州开了一家阜康钱庄的分号。湖州自古就是有名的优良生丝产地，而生丝买卖的生意也非常赚钱，这些胡雪岩当然知道。在他往返杭州和湖州的时候，也听别人说过很多生丝买卖生意方面的细节。因此经过一番考虑后，胡雪岩在湖州设立了坐庄，收购生丝，打算做一次成功的买卖。

那时生丝的主要买方是洋人。中国虽然也有一些缫丝厂，但是主要运用的还是传统的手工艺，所需的生丝量不多；而国外经过工业革命，运用的是蒸汽机械缫丝，生产率很高，所需要的生丝量也非常大，所以胡雪岩也打算把生丝卖给洋人。当胡雪岩把收购的生丝运到上海后，正值上海小刀会闹事。小刀会是成立于厦门的一个民间秘密团体，是清朝天地会的一个支派，1851 年小刀会传到上海后，发展迅速。这次小刀会闹事占领了上海县城。切断了上海县城与外国租界之间的联系，并且封锁了苏、太、松进出上海的通道，使上海除了海路之外，断绝了与内地的联系。

上海与内地特别是生丝产地交通的断绝，使得上海市场生丝的来源也与之断绝。那些需要生丝的厂家只能买到上年囤积的陈丝。而这时，洋人也怕战争打响，影响国内的纺织工业，因此急于收购生丝。胡雪岩知道这个消息后，觉得虽然有小刀会的事变，但这却是一次绝好的赚钱机会，因为照形势看，生丝的价格必定会上涨，把生丝卖给洋人肯定会赚一大笔钱。这些因素更加坚定了胡雪岩生丝外销洋庄的决定。

然而想卖给洋人生丝的并不只胡雪岩一个人，还有很多其他的大商户。但是如果想卖一个好价钱，而不是同行之间竞相降价以卖出生丝，最重要的是生丝的商户要齐心以垄断价格。但是这时的胡雪岩刚刚介入生丝行业，在上海还是一个一文不名的人物，想要达到说服同行共同对抗洋人的目的并不实际。于是胡雪岩想到了另一个办法，就是大量收购生丝，囤积起来，让洋人在别处买不到，只能到胡雪岩这里来买。但是这样做的话，需要大量的资本。胡雪岩这时只有价值十万的生丝寄存在一个丝栈，并且他的生意伙伴漕帮的头头尤五之前向上海的三大钱庄贷了十万两银子，已经续约了一期，不能再续了，现在还贷期限快到了，还没筹集到足够的银子，还差三万多两，也不能帮助胡雪岩，甚至还需要胡雪岩的帮助。

胡雪岩这时想要在上海本地买丝囤积起来，并不容易，光资金就是一个很大的问题。但是这并没有难道胡雪岩。他想出一个很好的办法。他先从丝栈开出了一张十万两的栈票，并把这张栈票拿给贷给尤五贷款的三大钱庄看，说尤五从三大钱庄贷的银子已经可以还了，但是需要这批生丝脱手后才能还，希望三大钱庄再让尤五借贷的十万两银子续转一期。三大钱庄的人看到栈票，并且又有生丝存放在上海的丝栈，不怕到时候尤五还不了贷款，就同意了，这就使得胡雪岩手头又多了一笔资金。然后胡雪岩又拿着这张栈票到一个外国银行那里，用这张栈票作为担保，从外国银行那里带出一大笔资金。有了这些资金，胡雪岩收购生丝的打算得以顺利进行。最后从收购生丝的洋商那里大大地赚了一把。

胡雪岩就是在看似没有出路的境况中懂得变化，才能柳暗花明又一村，最终成功地用十万两银子做成了百万两银子的生意。在我们今天看来，胡雪岩所用的方法是双重抵押，把一张栈票用了两次担保，是违法的。但是在当时，胡雪岩凭着精明的生意人的头脑，能想出这种办法来，真是难能可贵。

我们应当明白，一个聪明人在商场中，总能从不断变化的现象中找到商机，制造商机。经商不仅仅是资金上的流通和货物的买卖，更是一种头脑的较量。只有掌握市场行情，懂得随机应变，才能在激烈的商战中获得胜利。

### ❖ 跟胡雪岩学做事之道

一个会做生意的人，一定懂得抓住商机，懂得随机应变，能够看到别人看不到的商机，做出别人做不到的招式来。所以，胡雪岩才能成为“在铜钱眼里翻跟头”的成功商人。

## 眼光决定你的生意

眼光既是眼界，通过眼光所看到的一切，才能对事物过程进行全体考虑，对事物积极因素和消极因素进行衡量分析，并作出战略性的决定。为此，眼界宽才能看得远，把得准，以至于决策正确。而鼠目寸光、死板教条，只会丧失机遇，也是无法图谋大事的。

俗话说：“消息抓不准，肯定要亏本。”做生意不同于平常的迎来送往，有一点看错就可能满盘皆输，弄不好还会落个倾家荡产。所以必须时刻擦亮眼睛，看清看准生财之道。

胡雪岩说：“做生意怎样的精明，十三档算盘，盘进盘出，丝毫不漏，这算不得什么！顶要紧的是眼光。”

苏轼的《题西林壁》中有一句话叫：“横看成岭侧成峰，远近高低各不同。”此诗之寓意是对一个事物的看法与认识，从不同的角度与视角，得出的结论完全不同，对事物的认识程度也完全不同。在商场上也是如此，对一个经营判断的视角不同，其间发现的商机也就不同。商机的认识差异必然会导致财源的巨大差别。

由本质来判断，视角主要源自于经营者个人的眼光。

出门看天气，买卖看行情。胡雪岩说做生意“顶要紧的是眼光”，这话真是不假。胡雪岩所说的眼光，从常理上看，不只是要看得“准”，而且能在别人看不到“戏”的地方看出“戏”来，比如胡雪岩由战事影响银价起落看到钱庄的前景，就可谓看得准；二是看得“开”，也就是要眼界开阔，不能只把眼睛盯在自己熟悉的那一行当，而必须有一个新视角，比如胡雪岩做钱庄，却在生丝一行看到了自己可以开辟一片天地，这就得利于他的眼界开阔。

从经营范围的选择和拓展的角度说，这一点似乎还特别重要。同是开钱庄，信和的张胖子和胡雪岩同乘过阿珠家的客船，也同样熟悉湖州，但他就是想不到要去做丝生意。生意人与生意人不同，从这里我们就可以清楚地看到了。

“小爷叔的眼光，才真叫眼光！看到了大乱以后了。”这是漕帮首领尤五的妹妹、古应春的夫人、堪称巾帼英雄的七姑奶奶对胡雪岩的赞誉之词。这位眼光极高的女中豪杰如此钦佩胡雪岩，是因为胡雪岩在做成第一桩销洋庄的生丝生意之后，立即就想到要转移自己的经营视角，开始投资两桩在乱世之中和乱世之后，都必能给他带来滚滚财源的事业。

毋庸置疑，像胡雪岩这样有眼光，分析事物有新的视角，对商场有独到的眼光，能够看清事物发展的趋势，确实能够把握住许多机遇，并挖掘出许许多多的新财源来。

商海茫茫，孕育着无限的商机。商机是指商业活动中一种极好的机会，是一种有利于发展的机会或偶然事件，是企业在市场竞争中的一系列偶然性与可行性，或者说是还没有实现的可能性。商机是由人去发现和捕捉的，目前缺少的或许不是商机，而是挖掘和发现商机的眼光。每一个搏击商海的人都应以敏锐的眼光，深邃的洞察力，捕捉瞬息而逝的市场信息，从而抓住商机，并将之转化为致富行动，在市场竞争中谋得一席之地，淘得滚滚财富。

### ❖ 跟胡雪岩学做事之道

有眼光，分析事物有新的视角，对商场有独到的眼光，能够看清事物发展的趋势，确实能够把握住许多机遇，并挖掘出许许多多的新财源来。胡雪岩就是这样的人。

## 胡雪岩善于制造机会

胡雪岩不仅善于抓住机会，更善于在风云变幻的商场创造机会，他能随机应变、审时度势，把生意场上的绊脚石转化为走向成功的垫脚石。胡雪岩有大局观，做事前会从全局的角度做好各种各样的准备，做到未雨绸缪，不打无准备之战。

势在人谋，因为势不在我，就要想方设法去谋求。谋势的目的是获取利益，势在利就在。人类的一切活动都脱不开自身的利益追求，谋势活动也包括其内。说到底，人们的一切智力活动，实质上就是在谋求有利之势，实现逐利目的。

当然，商机是可以把握的。例如：在长期干旱、土地龟裂之时，可以兴工造船，迎接雨季带来的机遇；盛夏高温、热不可当之时，可以收裘毛皮开设皮革行，迎接暴冷带来的机遇。

这种借事物在两个极端之间反复轮回而呈现的某种规律性来创造机遇的技巧，是胡雪岩生意经中的一个重要组成部分。

胡雪岩有句名言："机遇是靠自己一双手捧出来的。"胡雪岩勇于创造机遇，这是胡雪岩的过人之处。

胡雪岩是如何创造机遇呢？概括地说，就是顺应事物发展的规律去创造。利用事物发展的规律善于发现机遇，抓住机遇，更要在没有机遇时去创造机遇出来。一个人不仅要善于抓住机遇，更难得的是善于创造机遇，胡雪岩是两者都具备了，因此他成功了。

也就是说，谋势应积极主动，思想领先，行动随即跟上。势是坐等不来的，落后一步就会陷于被动，甚至坐失良机。

谋势应动态应变。古人云："时移则势异，势异则情变，情变则法不同。"动态应变要求谋势运用时要顺应情况的变化而随时变通，切不可墨守成规，一成不变。谋势贵在出奇制胜。

而机遇，不是任何人、任何时候都能碰到的。也不是靠等待能等来的，而是要去创造。举凡成功者，无不都是机遇的创造者，而不是机遇的等待者。

在生意场上，愚者错失机遇，智者善抓机遇，成功者创造机遇，机遇只给准备好的人。

### ❖ 跟胡雪岩学做事之道

机遇就是这样，它来到你的身边时，不是大声说："我是机遇，我来了。"而是那样的无声无息，稍纵即逝，必须是那些善于观察、敢想敢做的人才能将它抓住。

## 商机属于有心的人

机会无处不在，关键是一个人能不能发现这是个机会。随时留意身边有无生意可做，才会抓住时机。着手越快越好。遇到不寻常的事发生时立即想到赚钱，这是生意人应该具备的素质。

胡雪岩炒卖地皮，纯属偶然听到隔壁客人的闲谈，但偏偏他是个有心人，还真就去做了。胡雪岩为生丝生意逗留上海，他在上海的基地是裕记丝栈。这天他到裕记丝栈处理生意上的事务，顺便在裕栈小歇。他躺在客房藤躺椅上，本想考虑一下自己生意上的事情，无意中却听到了隔壁房中两个人的一段关于上海地产的谈话。

从他们的谈话中，可以推断出这两个人对洋场情况及上海地产开发方式非常熟悉。他们谈到洋人的城市开发、设计、建设与中国人极不相同。中国人的开发方式常常是先开发好市面、住了人之后再修路。但以这种方式开发市面，多半是自发的，顺其自然的，没有谁会特别重视修路这一事情。所以以这种方式开发市面，有很大的局限性，往往要等到修筑道路，扩充市面的时候，自然形成的道路两旁已经被市房摊贩挤占，无法扩展。

与此相反，洋人的开发方式就显得活络了许多，他们一般先开路，有了路便有人到，市面自然就起来了。如今上海的市面开发就是用的这种办法。

其中一个人就上海地产情况进行了详细地论述，说道："照上海滩的情况看，大马路，二马路，这样开下去，南北方面热闹是看得到的，其实，向西一带，更有可为。眼光远的，趁这时候，不管它芦苇荡、水田，尽量买下来，等洋人的路一开到那里，坐在家里等发财。"

这里谈到的确是实情。自 1843 年到 1850 年上海被迫开埠初期，外滩只有一条从黄浦江边泥滩到外国人聚居区西边界的土路，这条总长约 500 米的土路主要是为外国人跑马溜缰修筑的，也就简单地称之为"马路"。这也就是今天南京东路外滩到河南中路一段。1850 年到 1853 年，这条土路开始向西延伸至现在的浙江中路，路面亦由黄土路面、黄沙石子路面铺筑为煤渣石路面，并加宽至七点五米，时称"派克弄"或"大马路"。1862 年，"派克弄"继续西筑至现在的西藏中路外，由此大体完成了我们现在可以看到的南京路的修建规模。更重要的是，随着这条路的不断扩延，以"派克弄"为轴心，出现了东西向、南北向干道各 13 条，终于形成了直到今天也仍然让老上海人骄傲的外滩，1864年初的《北华捷报》就宣称："新马路或已开辟成功，或正在修建之中，外滩已经出现一种看来非常繁荣的外貌。"

信息灵通，生意兴隆。出于生意人的敏感，隔壁两人的一席谈话，让胡雪岩再也躺不下去了。说者无意，听者有心，出于商人的商业意识，他认为这是自己涉足地产界赚大钱的机会。机不可失，时不再来，一定要抓住它。胡雪岩又体现出他说干就干的办事风格，生意助手陈世龙一回来，他马上雇了一辆马车，拉上陈世龙，来到了上海滩，由泥城墙往西，去实地考察。在勘察过程中，胡雪岩就拟出两个可供选择的方案：第一，在资金允许的情况下，趁地价便宜，先买下一片，等地价上涨之后转手赚钱。第二，通过古应春身为洋买办的关系，先摸清洋人开发市面的计划，抢先买下洋人准备修路的地界附近的地皮，转眼就可以获得丰厚利润。

胡雪岩把目光盯在上海的地产界，的确是一个明智的举动。胡雪岩选择进入地产生意的时机正是上海大发展的时候。当时虽然太平军正顺江东下，屡败清军，试图一举占领江浙一带富庶之地，但英、法等国为了自己的在华利益，同时，清政府想依靠洋人的洋枪队平定太平军，他们之间心照不宣地定下"东南互保"的策略，联合起来坚守上海。虽然太平军与清军之间战火不断，但当时的上海并没有受到太平军炮火影响。而由于附近各地处于战火之中，从东南各地逃至上海租界的人却越来越多，上海市面也随之更加兴旺。这个时候也正是上海历史上第一次房地产生意高潮到来前夕。到19世纪末期，上海每亩地价已由几十两涨到2700两。以后的几年内，上海外滩地界的地价甚至一度高达每亩30万两白银之巨。由此可见上海地产业中的利润之大。

不难看出，一个人每一天的生活中都有提供商机的可能：它让你结识他人，也让他人认识你；能让你得以了解信息、获得友谊、开发人脉资源和发展自己。在漫漫的人生旅途中，也许你的一生商机只会降临一次，也许它会无数次地光顾你。商机是属于每一个人的，但是，你若不能及时地抓住它，它就会瞬间即逝，成功也就与你擦肩而过。

在现实生活中，很难看到一个人能够完全脱离商机而成功——一个人的成功往往是从创造商机开始的。偶然的商机往往决定于人生道路上开始，但你创造的商机会改变你的一生。商机的可求，在于人们主观努力；商机的不可求，是由于人们的不努力；商机能否抓住，关键在于人的努力。只有抓住商机，才会获得成功——这就是胡雪岩的经商之道。

### ❖ 跟胡雪岩学做事之道

精明的商人只有嗅觉敏锐才能将商业情报作用发挥到极致，那种感觉迟钝、闭门自锁的老板常常会无所作为。胡雪岩能从寻常的事情想到赚钱机会，这就是他的成功之处。

## 不让机遇一溜而走

机遇是人生最大的财富，有些人浪费机遇轻而易举，所以一个个有巨大潜力的机遇都悄然溜跑，成大事者都是绝对不允许机遇溜走，并且能纵身扑向机遇。

胡雪岩说："什么事都要讲机会，明明一定办得到的事，如果把握不住，就会阴差阳错，总不能如你所愿。"胡雪岩深知要想纵横商海积累财富就必须时时留意生意场上那稍纵即逝的机会，才能不与滚滚财源擦肩而过。

从某种意义上说，胡雪岩做成的第一桩军火生意就是因了适逢其时、恰逢其地的机会。当时正处于太平天国在南方开国之后全力向东南数省扩张之时，上海的小刀会也乘势开始起事，一方面江浙为失之地正在积极筹办团练以抵御太平军的进攻，另一方面两江总督以及江苏巡抚也在想办法调动兵力以平息小刀会，战事在即自然需要大批的军火。驻在上海的外国军火商此时已开始明目张胆地在中国国内做军火生意，并向太平军输出军火。一边有人卖一边有人买，这不正是恰逢其时吗？当时的洋商大都集中在广州上海两地，要与洋人谈生意在这两个地方最为方便。胡雪岩也正是因为蚕丝生意来到上海，这不又是恰在其地吗？于是胡雪岩便想此时的军火生意必是利润极丰的，于是他便决心出手，不让这一财源与自己擦肩而过。

因为是想销“洋庄”，胡雪岩一到上海便找到关系结识了在洋行做事的古应春，与洋人建立了联系。而此前胡雪岩在帮王有龄解决漕米调运的公务时结识了漕帮的内河航运上的势力，故此军火自上海运往杭州的安全也有了保障。

看准了机遇，他便乘机行事，胡雪岩的第一桩军火生意就这样轻松地做成了，抓住财源狠狠地赚了一笔。

机遇总是稍纵即逝的，等到别人都意识到机遇时就已不再是机遇了。及时抓住机遇，该出手时就出手，方能捷足先登不与机遇失之交臂。

生活中我们的迟钝造成了我们一次次的放弃各种机会，而且也会责怪上天的不公平，但学校里的每节课、工厂或办公室的每一小时都展现新的机会，每位顾客都是机会，报纸上的每条新闻、每次发布会都是机会，每笔交易都是机会。礼貌的机会，友善的机会，诚实的机会，结交新朋友的机会，每次新的展示都是好机会，每次考验你毅力和责任感都是千金难买的机会。你抓住了没有？如果像弗里德里克·道格拉斯这样连身体都不归自己所有的奴隶能成为演说家、编辑和政治家，那么同道格拉斯相比，有着许多好机会的你能取得怎样的成就呢？

不要没完没了地抱怨没有机会。许多人把零零碎碎的机会漫不经心地丢弃了，而有些人却从这些机会中得到许多好处，甚至比别人从一生的时间里得到的还多。

珍惜每一次机会是你迈向成功的契机，不要因为你的眼睛和主观意愿错过你步入生存高标境界的契机。

生意场上机遇是特别重要的，它可以让一个平凡无奇的商人一夜暴富，也可以让腰缠万贯的商人一夜之间千金散尽。一个生意人在商场上能否猎取成功，与其所处的客观形势有着很大的关系。当外部形式能够为他提供良好的机遇，他能果断地快捷出手就能抓住财源，揽进天下钱财。

### ❖ 跟胡雪岩学做事之道

机遇是很奇妙的，你看见它抓住它，就能将成功揽入怀中，就能够拥有滚滚而来的财源；你忽略它错过它，机会就会离你而去飘向远方，成功财源也就会与你失之交臂，与你擦肩而过。

## 把握时局是头等大事

胡雪岩说："做生意，把握时事大局是头等大事。"他之所以能够成为闻名天下的红顶商人，是和他能够把握时事大局分不开的。

常言道："时势造英雄。"首先，胡雪岩所处的时代为他的成功提供了一片不可多得的土壤。他出生于1823年，卒于1885年，一生经历了道光、咸丰、同治、光绪四朝。这一时期，在中国延续了两千多年的封建帝制还未结束，朝廷昏庸，国家积贪积弱，社会动荡不安，内忧外患层出不穷，是一个新旧交替的大变革时代。

内忧外患使清王朝受到了致命的打击：素有"鱼米之乡"的中国东南地区战火不断，死亡枕籍，人民流离失所；旱、涝、蝗、疫等自然灾害频繁发生，饿殍遍野；再加上支付巨额战争赔款，内战军费以及各地官员贪污成风，使清政府的财政状况极度恶化。国库空虚使清政府事事作难，同时也给富有的商人介入国家大事提供了绝好的机会。

另一方面，自晚清以来，由于西方物质文明纷纷以各种方式进入中国，极大地冲击了传统的“农为本，商为末”的观念，经商开始成为人们普遍的趋向；同时，伴随民族危机的日益加剧，越来越多的人意识到应当学习西方先进的文化知识，特别是借鉴西方列强以商富国的经验。这些都为新一代商人施展拳脚营造了一个较为宽松的环境。

因此可以说，正是这种新旧交替的变革时代为胡雪岩的出现提供了不可多得的契机。“识时务者为俊杰”，真正使他获得成功的，则是他对这一时期时事大局的把握。

基于对上述时事大局的认识，他在经商活动中，紧紧依靠官府，同时又给官府大力的支援。从资助王有龄开始，他先后运漕粮、办团练、收厘金、购军火，甚至筹划中外联合共同镇压太平天国、上海小刀会，后来又力劝左宗棠设立上海转运局，帮助他镇压捻军、陕甘回民起义，以及平定新疆叛乱。由于胡雪岩为官府立下了重大功劳，得到了清政府的嘉许，并为他提供了从事商业活动必须的自由选择权和层层保护，使得他左右逢源，将事业越做越大，从南到北，从中国到国外。如果没有政府的保护，胡雪岩的事业不可能这样辉煌。

一个成功的商人，往往也是半个社会问题专家。无论过去、现在还是未来，政治和经济都是与社会生活紧密联系的两个重要方面。任何一个想在商界有所建树的人，都必须把握时局，驾驭时势。

把握时局，了解政策，就是在分析形势，掌握信息。因为许多信息都渗透于其中，从这个角度说，这无疑是头等大事。

### ❖ 跟胡雪岩学做事之道

现代社会是信息社会，信息瞬息万变，机会稍纵即逝，尤其是在实行市场经济的今天，市场形势变化多端，就更需要我们善于抓住机遇，当机立断，取得成功。

# 第10辑

# 及时调整，走出陈规随机应变就能赢

成事者在于一个“变”字，而变通过程中又在于一个“智”字，只有将两者有机地结合起来，方能化不利为有利，为最终赢局划下圆满的句号。胡雪岩就是掌握了随机应变的招法才名扬古今的。

# 随机应变，见机行事

商场之中总是充满了搏杀和凶险，稍有不慎，就可能导致满盘皆输。胡雪岩做事总是能够随机应变，见机行事，并且善于从商场变化中寻找出机缘，这也是他最终取得成功的重要因素之一。

在胡雪岩的生意正是蒸蒸日上之时，太平军却攻占了杭州，从而使他经历了一次大的变故，这次突如其来的变故几乎将他逼入绝境。

情况是这样的：胡雪岩的生意基础，比如他最大的钱庄、当铺、胡庆余堂药店及其家眷都在杭州。如今，杭州被太平军占领，等于是他所有的生意都将被迫中断。除此之外，他还要想办法将自己的老母妻儿救出杭州。

其次，树大难免招风，平日里嫉恨胡雪岩的人趁着战乱四处散播谣言。有的人说他已经用漕帮遭太平军围困的杭州购米为名，将公款骗走，自己躲在了上海；有的人说他手中有一大笔王有龄生前给他营运的私财，但现在死无对证，胡雪岩将这笔钱私吞了；还有人谋划向朝廷状告他骗走浙江购米公款，以致延误了军需国食，从而导致杭州失守。

再次，失去了王有龄这个官场靠山，即使自己不被朝廷治罪，日后做生意也会有诸多不便。

面对此情此景，胡雪岩并没有惊慌失措，因为，他已经从这些对自己不利的因素中准确地预见出了可利用的因素。

针对上述分析，他认为：如今陷在杭州城中的人实际上已经是在帮太平军做事，之所以四处造谣，是因为太平军也希望能诱使胡雪岩回杭州助其善后，但那些人却不愿放他回杭州。他们造谣虽然对自己不利，但也还是可以从中加以利用。

根据对这一点的分析，胡雪岩制定了两条计策：首先，他暂时不回杭州，以此来避免同这些人的正面交锋，只要他态度一明确，这些人就不会再做进一步的纠缠。

同时，他还决定由自己出面，特别向闽浙总督衙门上报，说这些陷在杭州城里的人实际上是留作内应，以便日后好与官军相应。他这样说表面上看是给了这些人一个交情，但实际上却是把他们推上了一处随时可能引爆的火药之上。因为，倘若这些人继续想要加害胡雪岩的话，他随时都可以将这一纸公文交到太平军手中，说他们与官军勾结。这样，太平军定饶不了这些人。

其次，自己手上此时还有在杭州被太平军攻陷之前为杭州军需所购得的大米一万石，因为一时无法进入杭州城，只得转到了宁波去赈济那里的灾民，并且双方约好等杭州收复之后会以等量大米归还。这也是其中一个可以利用的因素。

于是，胡雪岩决定一旦杭州被收复，便会即刻将这一万石大米运到杭州，这样做既可以赈济灾民，也可以显出自己做事讲信义。这样一来，那些诬陷他骗取公款的谣言也不攻自破了。

实际上，胡雪岩不仅仅做了这些，他还直接向带兵收复杭州的将领办理了交割，不但达到了预期的效果，也更加得到了左宗棠的信任，使自己得到了一个比王有龄还要有权势的官场靠山。胡雪岩的红顶子也是因此而得来的。

随机应变，并且善于从变化中找到出路，让胡雪岩把原本看似不利的因素转化成了自己东山再起的机会。古人云："识时务者为俊杰。"识时务即是能够根据事情发展变化的态势去寻找把握机缘，从而决定自己的出路。胡雪岩不愧是一代俊杰！

### ❖ 跟胡雪岩学做事之道

胡雪岩做事总是能够随机应变，见机行事，并且善于从商场变化中寻找出机缘，这也是他最终取得成功的重要因素之一。

## 胡雪岩以不变应万变

胡雪岩以自己的经商经验告诉我们：当面对瞬时万变的局势时，以不变应万变，才能谋得出路。他曾说："局势坏起来是蛮快的，现在不趁早想办法，未雨绸缪，等发觉不妙，就来不及补救了。"这就是说，只要能做到防患于未然、未雨绸缪，就能以不变应万变。

胡雪岩一向都很注意未雨绸缪，但当他生意达到鼎盛的时候，他在一些很大的事情上，一方面由于客观情势的限制，一方面由于他管的事情太多，也更由于他自恃实力雄厚，反而把这一条驰骋商场必要的原则忽略了。所以，最后在挤兑风潮来临之时，终于因无法自救而使自己彻底崩溃。

为了帮左宗棠西征筹饷，胡雪岩向外商行借债。但由于具体运作上没有为自己留好退路，而使自己跌到河沟里。实际上，胡雪岩向洋人借债是很不合算的，洋人向来重利，本息又太重，而这项借款又不是商款，可以楚弓楚得，以谋利补偿。但左宗棠为自己西征成功却志在必得。光绪四年，他要胡雪岩出面邀集商股，同时向英国汇丰银行借款，华、洋两面共借得商款达六百五十万两用于西征粮饷。这可不是一笔小数目，胡雪岩是个重情重义的人，为了帮左宗棠，他还是照做了。

胡雪岩心想按照左宗棠的计算，在七年中就能还清洋债。可是，事实让人出乎预料，左宗棠计算出：在七年中，陕甘可得协饷一千八百八十万以上，以这笔饷款清偿“洋债”足够了。由于协饷到期不一，所以他要求不定期来还这笔洋债。可以说，这只是他的一厢情愿，这笔借款实际定半年一个还款期，六年还清。到左宗棠奉调入京之前，为了替后任刘锦棠筹划西征善后，左宗棠在近乎独断专行的情况下又借汇丰银行招股贷款四百万两。由此看来，胡雪岩、左宗棠的债洞越来越大了。

一般来讲，用于军需粮饷而借洋债，是属国家的责任。但这两笔共计一千多万的债务风险，却都落在胡雪岩一个人身上。光绪四年，左宗棠将借“洋债”之事上奏朝廷，一个月以后接到朝廷批复，批复上款说：“借用商款，息银既重，各省关每年除划还本息外，京协各饷，更属无从筹措，本系万不得已之计。此次姑念左宗棠筹办军务，事在垂成，准照所议办理。嗣后无论何项急需，不得动辄息借商款，至贻后累。”此批复中所说“京协各饷”即“京饷”，是京内的各项开支。因左宗棠息借商款，以致京内各项开支都无从筹措，自然还款也就不能帮你左宗棠了。朝廷是一推六二五，对这笔借款采取了“概不负责”的态度。这样，借款的风险无形之中都加到了出面商借的胡雪岩一个人肩上。因为虽然这笔借款都由各省解陕的协饷还付，但协饷解到时间不能一定，而且原议解汇的协饷还有可能被取消。协饷不到，无法还款，洋行自然是找胡雪岩，而胡雪岩为了自己的信用，也必须尽力筹措还款。正常情况下，以胡雪岩的财力当然问题不大，但局势如果发生变化，后果必将不堪设想。可事实就是难料，怕什么偏偏来什么！

在乱世之中，胡雪岩要以一人之力而担国家的债务，这确实没有为自己绸缪计划。当时局势已经发生变化了，上海市面已经极为萧条，市面存银也只有百万两。特别是此时李鸿章要整掉胡雪岩的端倪已现。这时，胡雪岩又接受为左宗棠筹集近五十万粮饷任务，更是没有为自己留下一点退路。而在这种情况下，胡雪岩还决心在生丝生意上与洋人一拼到底，“打得赢要打，打不赢也要打”，不肯将囤积的丝、茧脱货求现，则是不仅不留退路，甚至是自己将自己的退路堵死而致背水一战。胡雪岩没有做好未雨绸缪的计划，从各个方面来看，他都是必死无疑啊！在风波突起之时，等待他的除了破产被查封清偿已无别路可走。

总结而言，凡是一个成功的生意人，对不测事变都有充分的心理准备，防患于未然。特别是事业一帆风顺，成功接踵而来之时，更应该有所警醒。但是，胡雪岩作为成功的商人，也有失足的时候，而且这一失足让他再也无法有翻身之机。其中的道理胡雪岩自然极懂，但具体做起来，要想做到真正的未雨绸缪，也并不是一件简单的事。需要十分谨慎和认真对待。

### ❖ 跟胡雪岩学做事之道

一个成功的生意人，对不测事变都有充分的心理准备，防患于未然。特别是事业一帆风顺，成功接踵而来之时，更应该有所警觉。

## 必要时要敢于舍弃

“舍”与“得”合在一起就叫“舍得”。那也就意味着“舍”就是“得”，“得”就是“舍”。佛学中对舍得一词也有其译：“舍得者，实无所舍，亦无所得，是谓舍得。”佛学中认为舍便是得，得亦是舍。没有舍便没有得，没有得也没有舍，两者相辅相成却又相生相克。道家对舍得也有独到的见解，舍就是无为，得就是有为，所谓“无为而无不为”，也证明无舍便无得。既然“舍”就是“得”，那么，小舍就小得，大舍就大得。但有时候，只要你真的舍得，小舍也能大得。

胡雪岩就是一个知道“舍”的人，正是由于他的“舍”，所以每次他都能“得”。

胡雪岩的胡庆余堂在刚开设时，并没有名气，无法与那些著名的老字号药店相比，所以生意十分清淡。每年到了五月的梅雨天气，许多药材因为卖不出去又无法存储就发了霉。于是有的人建议将这些药材拿出去晒晒太阳，然后降价出售，这样也不会损失太多。

但是胡雪岩坚决不采用此种意见。他从刚开始创办胡庆余堂的时候就下定决心绝不欺瞒顾客。于是药店伙计只好将这些发了霉的药材倒掉。这些药材里有很多是比较名贵的，这样一来，损失就很大了。结果胡雪岩有一阵子连店中伙计的薪水都没办法发出来。

胡雪岩看到店里的生意这么差，他心里也十分着急，但是一时也想不出好的方法来。

有一天，伙计刚将药材倒掉，就来了几个江湖郎中在这些药材中挑拣还能用的好药。胡雪岩不由得心中一动，他立即想到了一个好办法来打响名声。

胡雪岩吩咐店里的伙计，以后再倒掉霉药的时候，一定要在里面放上一些好药。伙计很是疑惑，不知道为何要这样做，这么一来，损失岂不是更大了？

但是胡雪岩并没有多做解释。

这样，过了一段时间，虽然店里也损失了一些，但是那些拣药的郎中非常奇怪，胡庆余堂居然连这么好的药材都倒掉，可见这里卖的都是好药了。

于是，经过一传十，十传百，胡庆余堂的名气就传开了。来买药的人一天比一天多，胡庆余堂的生意也兴隆起来，再也没有出现过因为卖不出去药而发霉的情况了。

为了保证药材的质量，留住客户，胡雪岩一再告诫伙计一定要卖真药，坚决不卖假药。时间一长，胡庆余堂因为货真价实而名扬四海，成了真正的老牌子。

正是因为胡雪岩的忍痛割爱，他舍弃一些好药材，将它们当成坏药倒掉，才能够在短时间内将胡庆余堂的名声传播开来。胡雪岩的舍弃为他赢得了丰厚的收获。在商界里，舍不得孩子套不着狼这句话同样适用。敢于舍弃，才会有所收获。

商机是无处不在的，作为商人，若是你对自己已经拥有的东西仍旧不满意，那么你就一定要学会舍弃，因为，也许你会就此而开启另外一扇机会之门。要想能够在商业中掌控局面是一件很困难的事情，但是通过经验的日积月累之后，有远见的商人会在必要的时候通过舍弃的方式来达到自己的目的。只有这样，才能够为自己赢得有利局面，从而达到自己的商业目的。

### ❖ 跟胡雪岩学做事之道

成功的智慧就在于何时懂得舍弃，而这其中最重要的一条，便是能够在利益面前懂得如何巧妙选择。如何舍弃小的利益而获得大的收益，如何变自己的弱势为强势，这一切都需要暂时的忍痛割爱，只有这样才能在竞争中为自己赢得有利地位。

## 处理事情要快速决断

一个人，特别是心存志向要有所成就的人，应当培养自己快速决断的能力。一个做事不拖延的人，在接受一项任务或是面对一件事情的时候，头脑中只会闪现两个答案，做或者不做。一旦决定做，那么就要立刻行动，如果总是犹犹豫豫，反而造成畏缩，以致计划迟迟未能实行。

胡雪岩认为，只要发现是财源，甚至只要产生一个念头，就立即去付诸实施，这就是要反应迅速，敢想敢干。生意人面对的总是与时局紧密相连，且总是处在不断变化之中的具体的市场。市场出现的各种具体情况以及变化，对于生意人来说往往既是挑战也是机会。能及时针对具体市场情况做出迅速反应，才能不断地为自己开辟新的经营渠道，也就是为自己开拓出新的财源。

胡雪岩为销“洋庄”走了一趟在上海的“长三堂子”，吃了一夕“花酒”，酒宴上与那位后来成为他可以生死相托的朋友古应春一席交谈，就让他抓住了一次赚钱的机会。

古应春是一位洋行通事，中国开办洋务之初，这样的通事是极要紧的人物。他们表面上主要充当的是类似今天的外事翻译的角色，但由于这一角色的特殊性，在当时的“外贸”活动中，他们其实还承当着为买卖双方牵线搭桥的职能，实质上也就是后来所说的买办。

胡雪岩要和洋人做生意，自然一定要结识这样的要紧人物。胡雪岩来到上海后，设法托人从中介绍与古应春相识。请吃花酒是当时上海场面上往来应酬必不可少的节目，于是便由胡雪岩做东，尤五出面，在怡情院摆了一桌以古应春为主客的花酒。

酒席上，古应春谈起他自己参与的洋人与中国人的一桩军火交易。那一次洋人开了两艘兵轮到下关去卖军火，本来价钱已经谈好，都要成交了，半路里来了一个人，直接与洋人接头，听说太平军有的是金银财宝，缺的是军火，洋人一听就立即单方毁约，将原来议定的价格上涨了一倍多。买方需要的军火在人家手里，自然只能听人家摆布，白白让洋人占了大便宜。古应春讲这段经历，是因为愤慨于中国人总是自己相互倾轧，以致让洋人占了便宜。

但古应春的这段经历，也引起了胡雪岩要尝试与洋人做一票军火生意的兴趣。在胡雪岩看来，当时有两个情况决定了这军火生意可做，而且一定可以做成功。第一，当时上海正闹小刀会，两江总督和江苏巡抚都为此大伤脑筋，正奏报朝廷，希望多调兵马，将其一举剿灭。兵马未动，粮草先行，可以先备下一批军火，官兵一到，就可以派上用场。胡雪岩知道江苏巡抚是杭州人，他可以通上这条路子。第二，此时太平军也正沿着长江一线向江、浙挺进，浙江为地方自保，正在办团练，也就是组织地方武装。办团练自然少不了枪支火药，借王有龄在浙江官场的势力，促使浙江地方购进一批军火，也不成问题。反正洋人就是要做生意，枪炮既然可以卖给太平军，也就没有不卖给官军的道理。

事情一旦想到，立即便着手进行，这是胡雪岩一贯的作风。请古应春吃花酒的当晚，酒宴散后已是子夜，胡雪岩仍不肯休息，留下尤五商谈与古应春联手同洋人做军火生意的事宜，甚至将如何购进、走哪条路线运抵杭州、路上如何保障军火安全都考虑到了。第二天他又约来古应春，又细细商定了购进枪支的数量、和洋人进行生意谈判的细节、如何给浙江抚台衙门上"说帖"等事宜。第三天，胡雪岩就和古应春一道会见了洋商，谈妥了军火购进事宜。从动起做军火生意的念头到此时，不到72个小时，这笔生意就让胡雪岩做成了。

快速决断的能力，有助于一个人筹划应付大事件和突发事件，避免因为拖泥带水、犹豫不决带来的失误和风险。

就实际而言，人一生之中，每个人都有种种的憧憬，各样的理想和计划，假使我们能够将一切的计划都执行，那我们的人生将变得意义非凡，并时刻与成功同行。而之所以我们往往并不成功，甚至有一些不如己意，就是我们对于心中的憧憬、理想和计划不能去立即执行，最终坐视它们逐渐地幻灭和消逝，留给自己无限的唏嘘和遗憾，甚至酿成悲惨的结局。

拖泥带水，缺乏果断不仅难以成事、甚至会造成恶果。"明日复明日，明日何其多！我生待明日，万事成蹉跎。世人若被明日累，春去秋来老将至。朝看水东流，莫看日西坠，百年明日有几时？请君听我《明日歌》。"这是清朝诗人钱鹤滩对拖延时间的人的忠告。"命运无常，良缘难再""有花堪折直须折，莫等无花空折枝"的诗词，无不是在鼓励人们果断行事，迅速行动，不拖延，不犹豫。

美国著名成功学家卡耐基认为，一个成功者要果敢行事，必须善于抓住机会，利用机会。

华人首富李嘉诚也曾说：“机会不会坐着等你，若奢望机会可轻易到手的话，是绝不可能发生的事情。”

因此，对命运赋予的良机，只有那些善于果敢行事不拖泥带水的人才会取得成功，才可能把机会所蕴含的价值发挥到最大限度。

### ❖ 跟胡雪岩学做事之道

梦想是成功者的起跑线，决心便是起跑时的枪声，行动犹如起跑者全力的冲刺。行动很重要，一个性格果决、快速决断、做事不拖泥带水的人，方可成就大事。

# 第11辑

# 懂得投资，投入得多事业才会越大

国际著名投资大师彼得·林奇说：“长期而言，你将来的财富不只取决于你目前赚了多少钱，而是你能拿多少钱去投资。”在此之前的胡雪岩早就明白了这个道理，所以，胡雪岩运用超前的投资技巧，让有限的资金发挥复利的效果，创造了巨大的财富。

# 做在“铜钱眼里翻跟斗”的人

中国传统商人有以“一文钱创天下”的志向和能力，他们在创业时，靠的全是自己年轻时一分一厘地辛苦积累，积少成多，逐渐积累起自己的原始资本。这种勤俭节约的筹资方法固然值得敬佩，但是过程却非常漫长。所以，如果我们能飞越最初的资本积累阶段，直接靠借贷来获取创业的第一笔资金，也就是从负债经营着手，应该是致富最快捷的方式了。

但胡雪岩说：“我就知道铜钱眼里翻跟斗。”这“铜钱眼里翻跟斗”就是一种稳妥而快捷的筹资方式。所谓铜钱眼里翻跟斗，就是借钱生钱、以利滚利。

俗话说：“外头有个抓钱手，屋里有个聚钱斗。”胡雪岩就是这样一个“抓钱”的高手。他在自己事业的初创阶段，其实是身无分文，所动用的资金，大部分都是借贷来的。第一笔生丝生意交割之后，胡雪岩立即着手开药店和典当行，这时他实际上仍然没有足够的资金。因为第一笔生丝生意做下来，虽然表面上赚了18万两银子，但最后算下账来，该付的付出去之后，不但分文不剩，胡雪岩自己甚至还拉下了万把银子的亏空。在没有资金的情况下，胡雪岩却又要上两个大“项目”，实在不能不让人惊讶，就连十分佩服他的尤五和古应春也提出疑问，认为他现有的钱庄、生丝都是两桩需要大本钱的生意，哪里还有余力去开药店和典当行？

然而，胡雪岩却有自己的打算。他的打算就是凭借他的信誉和本领，因人成事。胡雪岩销洋庄，为求当时担任江苏学台的何桂清的帮助，去了一趟苏州，于此结识了苏州富家公子潘叔雅、吴季重和陆芝香等人。当时正是太平军大举进攻苏、浙之时，苏州地面极不平静，一方面官军打仗，保民不足却骚扰有余；另一方面太平军也是步步逼近，因此这帮富家公子都有心避难到上海。这些富家公子在苏州的房屋、田产自然是不能带到上海去的，但他们却有大量的现银，估计约有二十多万。他们知道胡雪岩是钱庄老板，因而想借胡雪岩的钱庄，把这些现银带到上海去用。

胡雪岩当场就为这些阔少做了筹划，他建议将这些现银存入钱庄，一半做长期存款，以求生息；另一半做活期存款，用来经商。存款的钱庄以及生意的筹划，都由胡雪岩一人承当，总的原则是动息不动本，以达到细水长流的目的。这样胡雪岩等于给自己吸纳了一笔可以长期动用的资金。

关于药店，胡雪岩计划是想法让官府出钱替自己开药店。刘不才有一祖传秘方"诸葛行军散"，专治军队行军打仗时容易发生的病疫，其效如神。胡雪岩准备借此与清军中主管后勤保障的"粮台"拉关系。粮台虽不亲临前线，可是料理伤亡官兵也是其日常工作之一，因此，粮台可算是一个用药大户。胡雪岩先采取只收成本的方式把"诸葛行军散"送给清军试用。只要清军觉得效果好，就可以争取长期的供药业务。胡雪岩想，只要药效能保证，价格较市面便宜，甚至可以欠款，不愁粮台不向自己下大订单，同时，既然可以让他们欠账，那也就可以预支一部分成本费，再弄几副其他名副其实的好方子，真材实料地做出来，让各个粮台订购，领回订购药品的款子。药店借此滚动发展，何愁本钱？

实际上，做生意既是一种资金和实力的较量，更是一种智力的比拼。做生意要有本钱，但如何为自己弄到本钱，却是要靠智力，要靠精明的头脑和灵活变通的手腕。一个真正成功的商人，总是能够凭借高超的智慧为自己"变"出本钱的。从某种意义来说，这也是"做生意活络"的一种表现。

### ❖ 跟胡雪岩学做事之道

做生意要有本钱，但如何为自己弄到本钱，却是要靠智力，要靠精明的头脑和灵活变通的手腕。胡雪岩就是这样一个"铜钱眼里翻跟斗"的高手。原来，他在自己事业的初创阶段，其实是身无分文，所动用的资金，大部分都是借贷来的。

## 妙用“八坛七盖”之术

面对汹涌澎湃的商海，有许多人都跃跃欲试，想要品尝成功的喜悦。可是，做生意最怕的就是资金短缺，许多人往往都因为一时的资金短缺而与机会失之交臂，这实在是一件让人扼腕而叹的事情。也有人因为手里的资金太少，找不到发财的机会，只能站在商海边上望洋兴叹，抱怨大丈夫生不逢时，一文钱难倒英雄汉等。

尽管如此，我们的身边仍不时涌现出“四两拨千斤”的商战英雄，他们中的许多人发家之前也都是一介平民，并没有万贯家财，可他们照样可以在完成资本积累后创造出一桩又一桩的商界奇迹。他们是如何做的呢？他们倒底是怎么以小搏大，用有限的资金开启致富的大门呢？

古人说过：“运用之妙，存乎一心”。即使资金非常地有限，只要你能够善加利用，并充分运用你的智能和头脑，抓住商机，致富的大门一样是会向你打开的。一个精明的商人不能只是有多少钱办多少事，他还应当能做到用有限的钱干尽可能多的事。资金虽然不多，但依靠经营者的手段，这笔钱可以灵活运用，让它发挥更大的效益，照胡雪岩的话说就是只要“八个坛子七个盖，盖来盖去不穿帮”就行了。当你学会了这样“盖来盖去”的时候，你也就学会了在“铜钱眼里翻跟斗”，就可以以小搏大，用十万银子就足以去做百万银子的生意了。不过，需要特别说明的是，所谓“盖来盖去”并不是指投机取巧、坑蒙拐骗，而是一种实实在在的经营的艺术，它能使你手里的资金发挥出最大的效益。

有一本书名叫做《绿色国王和他的金融帝国》的书，曾经风靡一时，记载了二战后，一个一无所有的犹太人在美国创业的真实过程。这个人最初从不需要多少激活资金的批发小报起家，得到银行的信任，获得了第一笔贷款，兼并了第一家企业，然后以兼并的企业作为抵押获得了第二笔贷款，又用这笔贷款用以兼并第二家企业，接着又拿这家企业去赢得新的贷款……以这样的方式，他几乎没花一分钱，他的金融帝国就迅速建立起来了。这让他过去的穷朋友和合作伙伴既感到意外又感到诧异，因为这几乎是一个神话。其实这也是典型的“盖来盖去”的办法。

胡雪岩是惯于使用这种方法的老手。

前文说过，胡雪岩将湖州收到的生丝运到上海时，正值小刀会要在上海起事。这对于胡雪岩来说又是一个绝好的发财机会，因为小刀会一起事，上海与外部交通中断，丝的来路也随之断绝，洋庄价钱必然看好。胡雪岩准备囤积生丝，趁此机会好好地赚上一笔。可是，他除了寄存在上海丝栈的价值10多万两银子的生丝外，已经没有多余的钱来购买生丝。胡雪岩向上海“三大”钱庄借贷的10万两银子已到期，按规矩不能再行续借了。于是胡雪岩玩起“八坛七盖不穿帮”的手段。

他先将这价值10多万两银子的生丝栈单拿给“三大”钱庄看，说以前借的款可以还给他们了，不过要等这批生丝脱手后才行，请他们把那笔贷款再转一期，既然有栈单为证，贷款又摆在丝栈里，“三大”钱庄哪有不放心的道理？这样就生出10万两银子可供调用。

接着，他又以这批生丝作抵押，向洋行借贷银子。洋行有栈单留存，不会不给贷款。于是栈单变成现银，而栈单也不会流入钱庄，“三大”钱庄不会知道本单已经抵押出去了，自己的戏法也不会被揭穿。

就这样，胡雪岩手里又有相当充足的现银，尽可以多去囤积生丝。结果，他以10万两银子的资本做成百万两银子的大生意。

这就是胡雪岩一次典型的“八坛七盖不穿帮”戏法：一张栈单，“托”了中外两家，一“转”一“充”，就盖住两个“坛子”。

这种“盖来盖去”的“戏法”，也只有像胡雪岩这样的高手才能做到。事实上，做生意需要的不仅仅是资金和实力，还需要经营者在智力上殊死较量，虽然它没有战场上的那种血腥，可是惨烈程度也不亚于一场没有硝烟的战争。做生意的确需要本钱，如何才能为自己弄到充足的本钱，靠得是经营者的智力，独到商业眼光和灵活的经营手段。因为一个精明的经营者，总是能够凭借自己的智能和努力，为自己弄到充裕的本钱的。

### ❖ 跟胡雪岩学做事之道

所谓“八个坛子七个盖，盖来盖去不穿帮”并不是指投机取巧、坑蒙拐骗，而是一种实实在在的经营的艺术，它能使你手里的资金发挥出最大的效益。所以，做生意一定要懂得以最小的投资获得最大的回报。

## 有了钱就要用出去

敢于投资是一个经营者必须具备的素质。胡雪岩说：“我有了钱，不是拿银票糊墙壁，看看过瘾就完事。我有了钱就是要用出去。”他是这样说的，也是这样傲的。胡雪岩生逢乱世，在那样一个兵荒马乱岁月，一般的商人想到的多是如何收缩经营，藏好自己的钱，但是胡雪岩想到的却始终是发展，并且总能在乱世夹缝中为自己开出一条条财不断地为自己寻找投资方向，大胆投资。

胡雪岩在筹划投资典当业、药店的同时，还想到另一项与国计民生有关的大事业。他准备利用漕帮的人力、漕帮在水路上的势力以及他们现有的船只，承揽公私货运，同时以松江漕帮在上海的通裕米行为基础，大规模贩卖粮食。胡雪岩要为自己打开水路货运和粮食买卖这两片前景广阔的天地。

上海成为中国近代最大的贸易口岸，实际上也就是以海运、河运的大力发展为龙头的。当年中国商办公司与洋商之间第一次最大规模的“斗法”，就发生在中国“官督官办”的轮船招商局和英国怡和、太古轮船公司、美国旗昌轮船公司之间，“斗法”的焦点即是争夺长江水运利润。1862 年，美国旗昌公司以投资 200 万两的雄厚资金，开通上海至闽、粤等沿地区及沿长江至内地的海运、河运业务。到 1872 年，仅仅十年时间就发展成号称“东亚第一”的航运企业，运输量占到整个上海港沿海海运总量的 61%~63% 和长江运输总量的 75%。尽管如此，1873 年成立的上海轮船招商局仅在 1878~1881 三年间就回收“水脚费”1300 余万两，净得盈利 200 余万两。仅从这一点，我们就可以想见投资水路货运在当时的巨大前景。

胡雪岩要投资大规模贩运粮食，本身也是一桩有大利可图的事业。这桩生意有利可图，是因为此时已经具备了三个条件，这三个条件都与时局有关：

其一，时下太平军沿长江一线大举进攻东南，战乱之中，大片田地撂荒，粮食出产锐减，贩运粮食必然有利可图。

其二，兵荒马乱，战事迫近，或稻熟无人收割，或收起来了又因交通不便而无法运出来，白白糟蹋。而漕帮既有人手又有水路势力，此时组织起来贩运粮食，天时、地利、人和都占全了，弄好了就是没有竞争对手的“独门生意”。

其三，官军与太平军必有一战。常言道“兵马未动，粮草先行”，粮食对于交战双方都是大事。双方在同一块地面上拉锯，如果抢运出粮食，不让太平军得到，进出之间关系极大，必然会得到官军的支持，粮食贩运也会顺利许多。

具备这三个条件，这桩生意可不就是必定有利可图了么？

一般商人在这兵荒马乱的年月，大约更多地想到的是收缩，而胡雪岩想到的却始终是发展，并且总能在乱世夹缝中为自己开出一条条的财路来。胡雪岩不断地为自己寻找投资方向，其大胆的投资气魄，的确让人钦佩。

有了钱就要用出去，也就是用钱去“生”钱，即用钱去经营生钱的门道，用钱去赚取更多的钱。胡雪岩就是这样敢于投资和善于投资。一个投资专案，往往达到一箭多雕的目的。实在不愧是经营场上的投资高手！

不仅仅是金融业，其实所有的生意在本质上都是以钱生钱。用现代经济眼光看，就是学会并且敢于投资，在不断地赚钱的同时也要不断地以投资的方式去扩展经营范围，去获取更大的利润。钱是人赚的，赚来就是为人用的，不被人用，一坨金子不如一抔黄土。从这一角度看，没有准确发现投资方向的能力，或者不敢大胆投资的人，换句话说，一心只想着赚钱却不想着用出去或不敢用出去的人，是决不可能成为一个能够在商场上纵横捭阖、叱咤风云的大实业家的。

### ❖ 跟胡雪岩学做事之道

有了钱就要用出去，也就是用钱去“生”钱，即用钱去经营生钱的门道，用钱去赚取更多的钱。胡雪岩就是这样敢于投资和善于投资。

# 胡雪岩懂得多元化投资

经商必须要有保险法则，否则就会出现危险。例如，装鸡蛋最好的办法，是不把所有的鸡蛋装在一个篮子里，这是一种保险法。同样，投资的分散法就是“不把所有鸡蛋装在一个篮子里”，寻求最稳健的制胜的方法。

所谓多元化经营，就是不把所有的资金都集中投资在一项事业上，否则风险太大，一旦此项目失败，就会全军覆灭，投资就像是打了水漂，一去不回。如果把资金投资在不同的几个项目上时，它们的风险不尽相同，有的大，有的小，一旦风险大的项目投资失败，遭受的损失还可以由获利的项目来加以弥补，一旦大项目获得成功，则可以得到高额的投资回报。所以，要降低风险就一定要有自己的投资组合，这就是分散投资的好处。

在商业投资中，利益和风险就像一对孪生姐妹，它们总是成双成对地出现。所以，降低投资风险，追求利益最大化的最有效的办法就是进行多元化经营。在这一点上，可以说，胡雪岩是一个多元化投资的“老手”。

胡雪岩从来不干“把鸡蛋放在同一个篮子”里的事情，这是因为他知道如此做风险性性最大。所以，他经营的业务广泛，进军的领域众多。比如，钱庄、生丝、药店、房地产、粮食、军火、水运等。

胡雪岩之所以能白手起家，在不几年间便至豪富，以至成为中国历史上第一位也是唯一一位“红顶商人”，很大程度上就是因为他总是不限于一门一行，总在为自己不断地开拓投资的方向，并且看准了就大胆投资，没有丝毫的犹豫。比如在钱庄刚刚起步之时，便开始以有限的财力筹划投资生丝业务；比如根据上海向国际贸易金融大都市发展的趋势，毫不犹豫地在上海买地建房，投资房地产；比如根据世情时局，投资药店、典当业……在胡雪岩的鼎盛时期，他的生意范围几乎涉及到他所能涉足的所有行当，长线投资如钱庄即金融、丝茶生意即贸易、药店即实业，以及典当业、房地产等；短线投资如军火、粮食，所有这些生意在当时条件下都是能赚钱，而且是能赚大钱的生意。很显然，胡雪岩如果没有那种多元化经营的意识，如果死守自己熟悉的钱庄生意而不思开拓商务领域，他决不可能如此轰轰烈烈，成为中国历史上最负盛名的“红顶商人”。

商场形势变幻莫测，行业风险性较大。选择多元化经营，不仅有利于广泛的发展，而且能分散投资风险，无疑是在商场上谋求发展的稳健办法。

不过，凡事都具有两面性，对此，我们在管理和实践活动中应有客观的认识。即既要了解多元化投资经营的积极因素，也要相对地了解其负面因素。多元化经营虽然能够通过共享不同业务之间的资源和生产能力而创造竞争优势，给企业带来发展壮大的机遇，但同时也增加了企业的成本开支，分散了企业资源，加大了管理的难度，因而多元化既是一种诱惑，也可能是一种陷阱。企业运用这种战略，成败的关键在于企业所处外部环境及所具备的内部条件是否符合多元化投资经营的要求。企业在采用多元化战略之前，必须客观评估其必要性。其中，涉及的关键性因素主要有产品或市场相关性、主业特点、经济周期、产业壁垒等。

### ❖ 跟胡雪岩学做事之道

投资的分散法就是“不把所有鸡蛋装在一个篮子里”，寻求最稳健的制胜的方法。在这一点上，可以说，胡雪岩是一个多元化投资的“老手”，生意人应该向他学一学。

# 事业赢在找准投资渠道

胡雪岩经商不求点滴之利，而是着力把各种关系理顺，找准投资渠道，所以生意兴旺。

胡雪岩加快钱庄筹备速度，不料钱庄尚未正式挂牌亮相，便有人找上门来。这天，一位老者来到阜康门前，指名道姓要见胡老板。此人自称高师爷，在江宁府公干，胡雪岩察言观色，见他两颊如削，双眼深塌，前额微突，便知是惯弄刀笔的老吏。两人寒暄已毕，一时无话。师爷从夹袋里掏出一张官报，请胡雪岩过目。胡雪岩客气道："胡某一个商贾，不敢与闻政事。""看有何妨。"师爷微妙地笑笑："生意人当眼观六路，耳听八方，战乱时期尤其如此。"

报上有一段地方官更迭的消息，其中有"江宁知府俞大寿迁升河南藩司"的内容，胡雪岩揣摩这也许是师爷来此的原因。师爷双目如鹰眼，扫视胡雪岩道："胡老板看出其中的门道么？""没有，"胡雪岩大智若愚，答道，"胡某愚钝，敬聆老前辈指教。"

师爷跷起二郎腿，老实不客气道："我家主子升为河南藩司，实为喜事，胡老板难道不高兴？"

胡雪岩说："当然值得庆贺，但和我有什么关系？"

"若胡老板愿交朋友，鼎力相助，关系便非同寻常。"接着，高师爷压低嗓门，悄声道："千里做官只为钱，我家老爷慷慨大方，乐善好施，在江宁任内三年，亏空了二万银子，眼下新任已到江宁，等着交接，二万银子的亏空如不设法补上，恐遭诟谴，危及前途。"

胡雪岩一下便明白了，大凡有人升迁交接，前任亏空公款司空见惯，只要弥补及时，人不知鬼不觉，账面上做得干净漂亮，便可安然无恙，仍可落个“廉洁清正，操守可嘉”的考语。高师爷此行伸手告贷，其意不言自明。但这种借钱方式，不早不迟，偏偏在钱庄开业节骨眼上，尤其耐人寻味。一般而论，弥补亏空款子，如填无底洞，前任账目一清，溜之大吉，后任亦不认可，只苦了钱庄，白借一笔钱，有借无还。这种情状，胡雪岩当伙计多年，见过成千累万。有本钱小的钱庄，在威逼下替官吏弥补亏空，以致倒闭。

胡雪岩开钱庄的消息，扬名遐迩，四方无赖之徒，莫不红了眼要来捞一把、吃白食。但胡雪岩做得聪明，与各个衙门搭上关系，又有知府王有龄撑腰，因此，“吃白食”者尚不敢轻易开口要钱。这个江宁知府，莫非吃了豹子胆，晕了头，敢向胡雪岩伸手？

胡雪岩婉言道：“高师爷，敝号是新张甫始，本小利薄，不敢高攀，恐难如愿，使你失望了。”高师爷摇头道：“找个弥补亏空的钱庄，江宁多的是，老朽只当胡老板久居钱业，精神过人，才不远千里来结缘交友，不料胡老板拒人于外，蒙昧难教，实在可惜。”说着，起身便要走人。胡雪岩听他话中的话，忙做出很恭谦的样子，百般挽留。说：“晚辈无知，冲撞老前辈，实在不应该，还请不吝赐教、指点迷津。”

高师爷才回嗔作喜道：“生意人应该八面玲珑，一点就透，送上门的财，若放过了，财神爷生了气，终生都不照看你。”便说明来意。河南藩司为一省粮饷最高当权者，执掌河南银钱度支，因逢战乱年代，朝廷命河南地方每年筹措饷银七十万两，输送军前粮台使用。这方式称为“协饷”。协饷一般存放在信誉良好的钱庄备用，且不算利息，随时供军队取用。钱庄都渴望能得到协饷存银，一则充实钱庄本钱，二来可放款以获厚利。

胡雪岩果然一点就透，藩司想用河南协饷做好处，请阜康弥补亏空，日后河南协饷必定存入阜康。胡雪岩不消细算，直觉告诉自己，七十万对二万，好处不言自明，若长期来往，更是极划算的交易。当下胡雪岩做出大梦方觉的样子，对高师爷一揖到底，连声说：“小的有眼无珠，差点误解了高老前辈，多有得罪，实在惭愧！”

高师爷倚老卖老道：“年轻人经验不足，在所难免，吃得亏，人上人，日后就懂得了。”胡雪岩命人摆设上等鱼翅席，频频为高师爷斟酒，灌一气迷魂汤，令他乐不可支，兴会空前。宴毕，封好二万两的银票，交高师爷转给知府，又私下备了一千两的银票，送与高师爷。

忙碌过后，胡雪岩又有些担忧，唯恐二万银子有去无回，打了水漂儿。可是不到半月，河南协饷七十万两银子，果真划到阜康钱庄。胡雪岩幡然觉悟，感慨丛生：吃小亏占大便宜，古人言之不谬也！

从无到有，是成功商人的经营手段。实际上，做生意不能卑劣，要有胆量和冒风险的气派，不怕栽跟头，只要能为我所用的，都可拿来用上，以改换我的门庭，壮大我的影响力，扩大我的知名度。胡雪岩便是这样的典范。

## ❖ 跟胡雪岩学做事之道

胡雪岩经商不求点滴之利，而是着力把各种关系理顺，找准投资渠道，所以就能生意兴旺。

# 第12辑

## 成败淡定，顺应天道做到处变不惊

上天给一个人的机遇和辉煌往往只是在那几年间，从盛到衰，“一代商圣”都无法避免，更不用说我们这些普通人。所以，在面对事业成败的时候，一定要端正自己的心态，活出洒脱的自我，这样我们才能获取人生的精彩。

# 物极必反，这是自然规律

古语有云：“福兮，祸所伏也。”胡雪岩在商场驰骋多年，靠官府后台，一步步走向事业的顶峰，风光无限，但其最终的失败，却也是由官场后台的坍倒和官场的倾轧所致。

胡雪岩在替清政府向外国银行贷款时，多报了利息，给自己留下了一个污点，也给别人留下了一个把柄。在胡雪岩59岁那年，东窗事发，在多重压力之下，胡雪岩一败涂地，倾家荡产。62岁时，胡雪岩在杭州郊区的一所旧房子里郁郁而终。

胡雪岩对他自己的一生，好像每件事情都事先预料得好好的，连他死了以后的事情，他都能够安排得很妥当。那他有没有遗憾呢？他的遗憾是什么？并不是说他财产没了，也不是说他被人家害了，都不是。千万记住，一个人老是向外面去找原因，他是绝对找不到的，所有的事情都是自己造成的，所以孔老夫子让我们反求诸己是有道理的。没有人害得了胡雪岩，胡雪岩是他自己害自己的。没有人帮得了胡雪岩，胡雪岩是他自己帮出来的。

他从一个小小的账房伙计做起，不出几年，便做成了一番大事业。以至于得到显赫一时的左宗棠的器重，授江西候补道，赐穿黄马褂。后来胡雪岩在上海开办生丝厂，高价收购国内的新丝数百万担，企图垄断丝业的对外贸易，从而惹怒外商，联合拒购华丝。又因海关海运操于外人之手，不能直接外运。次年夏，被迫贱卖，损耗1000万两白银，家资去半，周转不灵，风声四播。各地官僚竞提存款，群起敲诈勒索。十一月，各地商号倒闭，家产变卖，胡庆余堂易主，宣告关门倒闭。接着，慈禧太后下令革职查抄，严追治罪。

显赫一时的胡雪岩，终于一贫如洗。千金散尽，又是一个轮回。他精心创办的胡庆余堂，至今仍以其“戒欺”和“真不二价”的优良传统矗立在杭州河坊街，使后人徒留许多感叹。世间芸芸众生所追逐的，无非是名和利，胡雪岩都得到了，并且显赫到了极致。可惜的是他不懂得物极必反的道理，不肯学学范蠡，功成知退，导致了悲惨的下场。

身处高位与腰缠万贯一样惹人眼红。高处不胜寒，钱多了整天担心贼惦记。无论是哪一种生活，都活得劳心费神，不得快活。只有五柳先生是明智的，懂得宁静以致远的道理，南山种菊，北山采薇，自得其乐。

佛曰：苦海无边，回头是岸。若是及早回头，便是早自在一天，早快乐一天，便也不用承受诸多身外之苦了。

表面上，胡雪岩生意的失败是由于他野心过大，急于扩充，出现决策性失误，使钱庄因缺乏流动资金而被挤兑，致使其经营的生丝铺、公济典当、胡庆余堂等纷纷关闭。但导致胡生意失败的深入原因是政治敌人的打击。胡雪岩虽聪明一世，与官场人物交往甚密，但却因为不谙官理、刚愎自用、不懂变通而成为左宗棠与李鸿章政治斗争的“牺牲品”，成为李鸿章“排左先排胡，倒左先倒胡”策略的牺牲者，实在令人为之扼腕叹惜。胡雪岩破产后，先前那些为其钱财嫁入胡家的美妾们，几乎都被胡雪岩遣散了，留在胡氏身边的，只有罗四太太。在罗四太太的陪伴下，靠着胡庆余堂的微薄收入，胡雪岩凄凉地度过了他的晚年，于光绪十一年，黯然离世。

从胡雪岩的人生经历可以看出，事物总是循着自身的规律发展，即便不够理想，它也不会因为人的主观意识而发生改变。所以，我们在打拼事业的过程中，无论成败，都要看轻看淡。

### ❖ 跟胡雪岩学做事之道

胡雪岩由一贫如洗到富可敌国，又从富可敌国再到一贫如洗。胡雪岩的经历告诉我们，一个人的事业有一个起步、辉煌直至衰亡的过程，一个人人生的精彩不仅仅是体现在成功的这一段，也能体现在事业失败之后。

## 胡雪岩喜怒不形于色

从古至今，成就大事业的人，一定要能够做到：喜怒不行于色。陈寿所著的《三国志》中形容刘备："喜怒不形于色，好交结豪侠，年少争附之。"正是刘备懂得处理好自己的情绪，不轻易让别人自己的内心变化，才能最终成就了三国鼎立的局面。

胡雪岩就是一个喜怒不形于色的人。他为人忠厚，富有眼光，手腕圆活，人情通达，对待别人也富有人情味和豪侠气，从不把自己的喜怒表现在脸上，对待任何人时掌握的分寸都很好。他从一个学徒做起，在钱庄里扫地、倒溺壶，做别人不愿意的做的事情，到最后建立其自己的以钱庄、典当铺为主的商业王国，拥资数千万两白银。由于他尽心尽力资助朝廷西征，还被当时还被朝廷重臣左宗棠上报称他为"商贾奇男子"。并且被朝廷任命为一个二品官，是晚清惟一一位红顶商人。慈禧还特别优待他赐穿黄马褂，并且母亲也被封为诰命夫人，可谓荣耀一时。

胡雪岩能够取得那么大的成功，与他的个人修养不无关系。现在流行一句话：习惯决定行为，行为决定性格，性格决定命运。这句话告诉我们应当自觉地养成良好的习惯，最终才能有一个精彩的人生。我们在上面说过，胡雪岩从小在母亲的教育下，是一个诚实守信，有情有义的人。在他以后的生涯中他也一直保持着自己的这种品性，最终成就了自己一生的事业。

我们常说“三岁看老”，其实三岁的小孩谁能知道他以后会发生什么事情，而之所以这样说是因为我们看的并非是一个人三岁时的能力，而是他的德行。一个人养成了什么样的品德，就会有什么样的习惯和行为，而这些习惯和行为就决定了他人生的高度。

胡雪岩小时候是一个很有胆识的人。有一次，他和小伙伴们去河边放牛。一个小孩一不小心掉入了河中，其他的小孩看到了非常惊慌，赶紧跑去村里叫大人来救人。当时的情况非常紧急。如果迟一步的话，那个小孩就要被淹死了，而大人肯定不能及时赶到，于是胡雪岩跳入水中，奋力救出了那个小伙伴。等那个小孩的父母赶到时，看到胡雪岩和那个小孩都安然无恙，就非常感谢胡雪岩的救人之举，而村里人也都称赞他的见义勇为，是个好孩子。

胡雪岩还有其他很多很好的习惯，当然喜怒不形于色也是其中之一。有人可能认为喜怒不形于色的人太过阴险，因为你不知道他心里想的到底是什么。但是喜怒行于色就真的好吗？每个人都是有自己的喜怒哀乐，甚至人与人之间的情绪也会互相传染。在人际交往过程中，如果我们每个人都把自己的喜怒表现在脸上，别人在伤心的时候自己却表现的很高兴，别人高兴的时候自己却感到伤感，那么我们互相都不会有相处愉快的时候。还有，如果在我们讨厌的人面前，我们把自己的讨厌清清楚楚地摆在脸上，那么对方看了肯定心里会不舒服，对你的印象也会很糟糕，甚至有可能对你加以报复。所以说喜怒不形于色是一种心理成熟的表现，也是一种保护我们自身的可取之道。

喜怒不形于色体现了一个人的阅历和性格。它并不是很容易就能做到的，毕竟人都有七情六欲，有什么情绪就表现在脸上也是很正常的。要做到喜怒不形于色就要学会控制自己的表情，一般人往往很难做到。其实，喜怒不形于色也是一种人生境界，如果生活经历不多，对人生中的很多事情领悟也不深，那么就难免把自己的情绪表露在脸上。但是如果一个人足够成熟和理智，那么便能做到喜怒不形于色。譬如说那些城府深的人、成功的人或者是社会经历比较丰富的人就能做到。

那么如何做到喜怒不形于色呢？要想做到这一点，首先要让自己尽快变得成熟，遇到任何事情，都要先听，再看，后想。不要急于表达自己的态度和观点，做任何事情前也都要考虑周全。其次在遇到困难和挫折的时候要坚强，懂得忍耐，越是逆境越要磨炼自己的性格。另外，做事时一定要给自己留有余地，留有退路。坚持培养自己的这些习惯，慢慢地，你就会心智上变得成熟起来，遇到任何事情也能使自己冷静下来，理智地去思考和分析周围的一切。渐渐地你会发现自己和别人的冲突减少了，对生活的感悟也增多了，很多人生的道理自己也会有一些深刻的领悟。

其实，历史上真的能够达到喜怒不形于色多是一些道行高深的僧人。禅宗的六祖慧能曾写过一首畿子：菩提本无树，明镜亦非台，本来无一物，何处惹尘埃。这首畿子其实代表了喜怒不形于色的最高境界：一个人断绝了七情六欲，做到心中无一物，那么心中也就没有喜怒，也就无所谓形于色了。

### ❖ 跟胡雪岩学做事之道

其实人生就是一个人一点一滴的言行组成的，如果我们注意培养良好的习惯，习惯成为了行为，我们有自己的行为组成的命运也就会使我们达到自己的目标，实现自己的理想。而喜怒不形于色就是一个非常好的习惯。

# 即使破产也淡然处之

胡雪岩由于涉足官场，最后成为了左宗棠与李鸿章政治斗争的牺牲品，被朝廷革职抄家。又由于投资千万两白银的丝茧以垄断洋人收购生丝的价格，而被外国商人联合抵制，最终生丝烂在仓库，自己也血本无归。接踵而至的就是钱庄被挤兑，最终关门歇业。他建立的由钱庄、票号、典当行、药局组成的商业王国也在短期内迅速颓倾，造成了晚清最为重大的金融风暴。经历了这样的巨变，好像一夜之间从富可敌国到一贫如洗，一般人可能承受不了这样的事实，就是见过大风大浪的人恐怕也会惊慌失措。但是胡雪岩没有，他说："本来我什么都不是，现在有钱了，吃过，见过，玩过，乐过，最多赤条条来，再赤条条去。"他能够在失败看淡成功而安然回归曾经的一无所有，不愧为一代商圣。

胡雪岩死于1885年，终年62岁。他死时家财已经散尽，陪伴在他身旁的没有几个人。当朝廷派人来抄家的时候，他刚好在前一天逝去，只留下七尺薄桐棺，租来的小屋中一灯如豆。原来的富丽堂皇的住宅与胡庆余堂已经易主，连抄家的官员都说道：真是人亡财尽，无产可封。而他最后葬在何处也一直是个谜，直到一百多年之后才被人发现。

胡雪岩得到的称誉和名号实在太多，有的人称他为"经营之神"，有的人把他和古时候的陶朱公并论，称他为"商圣"，也有人认为他不过是一名投机家。

当代企业家王石在造访《红楼梦》故事中的发生地荣德生故居后，在博客上写到："胡雪岩从未致力于投资新式工厂、改良工艺、提高质量，而是留恋于囤积居奇、大进大出的生丝投机。……从这个意义上来讲，他并不算是一个企业家，而只是一个丝业流通领域的商人。”

后来，2006年的夏天，王石去杭州旅游，在专门拜访了杭州城中的胡雪岩故居、以及一直营业到现在的胡庆余堂后，他对胡雪岩的评价却发生了变化。

看到胡庆余堂中的“戒欺”牌匾，他看到胡雪岩作为一名经营者济世救人的决心和对生命的尊重，以及道德上的高尚。正是由于这种道德的存在，胡雪岩“采办务真，修制务精”的训言成为了胡庆余堂的店规，从而制造出了一批批价真货实的良药。他还常常教导店中伙计：顾客乃养命之源。意思就是顾客是衣食父母。在120年前的社会中，他就能提出这种“客户至上”的经营理念，真是令人佩服。实际上，现代的很多企业家都做不到胡雪岩的那种水平。

胡雪岩虽然曾经拥有世人无可匹敌的财富，但是对于钱财却也看的很轻。在他事业发展的时期，他涉足官场，并渐渐达到了鼎盛时期。但是因为他的政治后台左宗棠一脉，从而被无奈地卷入了左宗棠和李鸿章的政治斗争之中。巨大的商业王国一夕垮台，还被革职抄家。在家财还未散尽时，一直陪伴他走到最后的罗四太太劝他将家中各房中的现银、金条、珠宝、古董等约价值二百三十万两银子的金银珠宝先行藏匿，以便作为以后东山再起的资本，胡雪岩没有同意，他说：“钱是身外之物，生不带来，死不带去。属于我的终究会得到，既然到了现在这个地步，又何必这样劳费心神呢。”

王石对于胡雪岩看淡钱财的态度十分佩服。他在博客中评论道：“他生意上虽然失败了，对待钱财还能如此坦荡，令人景仰！”如此来看胡先生，信奉“信用，商德”，虽败犹荣。

《菜根谭》中有云：顺境逆境，淡然处之。世界上的每一个人，在一生中都不可能永远处于顺境中。否则的话就无所谓逆境了。在顺境中能够积极进取，而在逆境中则要安之若素，努力转变现有的局面，是我们每个人都应当具有的生活态度。

### ❖ 跟胡雪岩学做事之道

当我们处于辉煌或低谷时，要学会让它们进行有机的转化，笑对人生的每一次转折，淡看每一次得失，才能勇敢地走完下一段路程。简而言之，想要让内心处乱不惊，就要保持平淡之味。

## “一代商圣”淡化身后事

自古至今，很多有钱人在还没去世的时候就开始谋划自己身后的事情了。中国人注重死得其所，并且注重坟地的风水，因为他们认为坟地的风水关于自己的后代。所以很多富人都会买一块风水宝地，死后用来安葬。就是穷人，如果有条件和能力的话，也会注重坟地的风水。胡雪岩也没有逃脱这种情况。

他在自己最风光的时候已经把祖坟迁到了一块风水宝地，还给自己买了一大块“寿地”。古代人们死之后埋葬的地方叫坟地，而人活着的时候买下的埋葬之地就做寿地。这块寿地风水很好，是请高明的风水先生来看过的。但是当时他已经不能再用这块寿地了。他的钱庄已经倒闭，自己的官也丢了，家产也被超去了，由于自己给朝廷向外国银行贷款时收受回扣的事情也被揭发了出来，所以他知道不久之后朝廷肯定会来抓他，这还不是最主要的。他身前那么出名，财产有那么多，就算被抄家之后也还有人觉得他有钱，如果他被埋在了身前买下的寿地里，到时候肯定就会被一些别有居心的人给挖出来。

既然已经不能再做以前的打算了，那么胡雪岩就吩咐家人自己死后丧事一切从简。后来，左宗棠死了。左宗棠在世的时候还能力保胡雪岩不被抓，现在却不能了，朝廷在外国势力和朝内一些大臣的压力下下令将胡雪岩抄斩。而在朝廷公文到达胡家时，胡雪岩已经早一天离开了人世。

胡雪岩死时才62岁，不算是一个长寿的人。他在59岁时出事，当他辛辛苦苦又支撑了两年之后，结束了他富有传奇的一生。而他没有死于狱中，好像也是冥冥之中上天对他生前所做的善行的回报。

胡雪岩由一贫如洗到富可敌国，又从富可敌国到一贫如洗。可以说是从原点又回到了原点。但是胡雪岩并不觉得自己很悲哀。他说过一句话："我十几年的所得，到最后几乎成了一场空，但是我没有什么值得后悔的。"可见他真的是视钱财为身外之物了。其实说道后悔，他唯一后悔的事情就是没有学春秋战国时的范蠡，在帮助越国打败吴国之后，功成身退。也就是登上了高峰，却没有为自己以后的人生留条宽敞的大路。

胡雪岩宠辱不惊的气概值得我们学习。他淡化身后事虽然是迫不得已，但是也值得我们借鉴。当今社会中很多人在自己的父母亲还活着的时候不孝顺，而在他们死后大办丧事以表示孝顺的做法真是可笑。

胡雪岩最后葬在了哪里没有人知道，直到最近才有人发现他的墓碑。可见胡雪岩真的是对自己的身后事真的非常淡化了。

元稹在他的《遣悲怀》中写到：昔日戏言身后事，今朝都到眼前来。衣裳已施行看尽，针线犹存未忍开。尚想旧情怜婢仆，也曾因梦送钱财。诚知此恨人人有，贫贱夫妻百事哀。

这首诗的意思是，当日开玩笑时曾经说起，假若她死后该如何料理；那时只不过说着玩玩而已，如今却真的来到眼底。妻子生前的衣裳已经施舍掉，眼看已很少；只是针线盒儿依然在，不忍把它打开来。意指一旦打开来，陡然添悲哀。只因想起夫妻的旧情，从而对家中的婢仆也更加怜悯；梦见妻子说泉下少钱花，我便焚化纸钱送给她。夫妻生离死别的恨事，世上人人都会记心窝；但是一同度过艰难岁月的夫妻，可悲哀可怀念的事情尤其多。

这首诗字字句句肺腑之言，更为缠绵悱恻和感人。让人觉得伤感无限。胡雪岩死的时候家眷中十二房姨太太差不多已经都已经遣散了。只有元配以及罗四夫人不曾离开他的身边。还有他的母亲胡老太太也比胡雪岩活的时间长，白发人送黑发人，让人感伤。而由于元配和胡老太太伤心过度，胡雪岩的丧事是罗四夫人一手操办的。没有了男主人，没有家财万贯，又没有了身前那些那么熟悉的人，可以说，一代商圣的后事让人觉得感伤无限。

### ❖ 跟胡雪岩学做事之道

不管一个人曾经是多么的成功，都逃不过天道盛衰循环。最终的归宿也会和普通人一样。所以，在生前给自己留下好名声，这样就不会给自己的人生留下太多的遗憾了。

# 附录：胡雪岩小传

红顶商人胡雪岩，是清末政商界的一个传奇。他以贫贱的钱庄学徒出身，在短时间内事业崛起、形成近代中国金融事业中的一个异数，进而协助左宗棠“西征”功业，获“布政使”衔，戴“红顶”、穿“黄马褂”——历数清朝两百多年的史迹，经商获仕、戴红顶而又黄马褂的，胡雪岩一人而已。

胡光墉是安徽绩溪人，幼名顺官，字雪岩。幼时家贫，以放牛为生，稍微长大之后，为了养家糊口，经亲戚推荐，进钱庄学徒，从扫地、倒尿壶等杂役干起，三年师满后，就因勤劳、踏实成了钱庄正式的伙计。正是在这一时期，胡雪岩靠患难之交王有龄的帮助，自己开了阜康钱庄，一跃而成为杭州一富。

胡雪岩经商，从不将一己之利放在心上，而是胸怀天下。太平军攻打杭州之时，胡雪岩积极为清军筹运饷械，从上海、宁波购运军火、粮米接济清军。

当时左宗棠为感谢胡雪岩的帮助，破格委任胡雪岩为总管，主持全省钱粮、军饷，因此胡雪岩的阜康钱庄获利颇丰。

胡雪岩1866年协助左宗棠创办福州船政局。在左宗棠调任陕甘总督后，主持上海采运局局务，兼管福建般政局，经手购买外商机器、军火及邀聘外国技术人员，从中获得大量回佣。他还操纵江浙商业，专营丝、茶出口，操纵市场、垄断金融。为左宗棠大借外债，筹供军饷和订购军火，又依仗湘军权势，在各省设立阜康银号20余处，并经营中药、丝茶业务，操纵江浙商业，资金最高达二千万两以上。

如此雄厚资金，使得京内外诸公无不以阜康为外库，寄存无算，成了一个典型的官商。

光绪二年因为战事纷乱，民不聊生，加上各种时疫流行，使得人们苦不堪言。为此胡雪岩花费巨资，创办了胡庆余堂，重金聘请浙江名医，收集古方，总结经验，选配出丸散膏丹及胶露油酒的验方400余个，其中“胡氏辟瘟丹”、“诸葛行军散”、“八宝红灵丹”等药品备受欢迎。此后，胡雪岩亲书“戒欺”字匾，教诫职工“药业关系性命，尤为万不可欺”，“采办务真，修制务精”。其所用药材，直接向产地选购，并自设养鹿园。胡庆余堂成为国内规模较大的全面配制中成药的国药号，饮誉中外，对中国医药事业发展起了推动作用。

胡雪岩的事业到此时，可谓是巅峰。之后胡雪岩经营蚕丝生意，耗费巨资2000两，他用高价尽收国内新丝数百万担，企图垄断丝业贸易，惹怒外商，联合拒购华丝。更由于当时海关海运操于外人之手，不能直接外运，只能被迫贱卖，亏耗1000万两，家资去半，周转不灵，风声四播。各地官僚竞提存款，群起敲诈勒索。十一月，各地商号倒闭，家产变卖，胡庆余堂易主，宣告关门倒闭。接着，慈禧太后下令革职查抄，严追治罪，显赫一时的一代豪商胡雪岩，又如童年少时一样一贫如洗。

胡雪岩一生，由一个钱庄的伙计摇身一变，成为闻名于清朝朝野的红顶商人，是因为他始终以“仁”、“义”二字作为经商的核心，留下商训是

“天”、“地”、“人”，内容即为：天为先天之智，经商之本；地为后天修为，靠诚信立身；人为仁义，懂取舍，讲究“君子爱财，取之有道”。此外，胡雪岩的成功还在于他善于随机应变，而决不投机取巧，才最终使其生意蒸蒸日上。